黑 龙 江 大 学 法 学 文 库

民行交叉案件
“附带审理”模式研究

哈书菊／著

法律出版社
LAW PRESS · CHINA
北京

图书在版编目(CIP)数据

民行交叉案件"附带审理"模式研究 / 哈书菊著
. -- 北京 : 法律出版社, 2023
(黑龙江大学法学文库)
ISBN 978 -7 -5197 -7621 -3

Ⅰ. ①民… Ⅱ. ①哈… Ⅲ. ①民事诉讼－研究－中国
②行政诉讼－研究－中国 Ⅳ. ①D925.04

中国国家版本馆 CIP 数据核字(2023)第 032532 号

民行交叉案件"附带审理"模式研究
MINXING JIAOCHA ANJIAN "FUDAI SHENLI" MOSHI YANJIU

哈书菊 著

策划编辑 周丽君
责任编辑 周丽君
装帧设计 鲍龙卉

出版发行 法律出版社
编辑统筹 法律应用出版分社
责任校对 晁明慧
责任印制 刘晓伟
经　　销 新华书店
开本 A5
印张 6.875　**字数** 160 千
版本 2023 年 6 月第 1 版
印次 2023 年 6 月第 1 次印刷
印刷 北京虎彩文化传播有限公司

地址:北京市丰台区莲花池西里 7 号(100073)
网址:www.lawpress.com.cn
投稿邮箱:info@lawpress.com.cn
举报盗版邮箱:jbwq@lawpress.com.cn
销售电话:010－83938349
客服电话:010－83938350
咨询电话:010－63939796

书号:ISBN 978－7－5197－7621－3
定价:38.00 元
凡购买本社图书,如有印装错误,我社负责退换。电话:010－83938349

代　　序

通过附带审理制度创新提升司法公正效率水平

莫于川[*]

恩师许崇德教授与其挚友何华辉教授合著《宪法与民主制度》出版四十周年之际，在武汉大学举行纪念座谈会暨全过程人民民主理论与实践研讨会，为此我专程来到江城，同许门师兄弟与何门弟子连同学界诸多大咖高朋欢聚一堂，共同缅怀两位前辈的学术伟业、创新精神和政治智慧，共同讨论中国式现代化背景下的宪法和民主发展共同话题。

许老师与何老师论述的民主课题，实际上从一个侧面，对于所谓"一年仅有1天的民主(投票日民主)"，与所谓"一年有365天的民主(经常性民主)"，使用当时的话语方式进行了简略的对比考察论述，在当时及随后多年发挥了学习宪法精神的教育指导作用，作出了巨大的历史贡献。他们通过宪法学话语阐述的中国特色的民主，符合中国现实国情，具有传统文化基础，为新时代全过程人民民主也即全要素、全过程和多机制的民主理论的形成，提供了政治和

---

* 莫于川，中国人民大学法学院二级教授、中国法学会行政法学研究会副会长。

法治理论参考。

我近期也接受学校和学院的科研任务，专题研究这种新形态民主的背景和要义，撰写了长篇论文《发展全过程人民民主与民主行政法理论探索》，尝试论述民主理论投射到行政法律制度领域的作用机理。实际上，这是我国行政法律制度增强民主性、走向民主化的过程，最终形态呈现为民主行政法和民主型法治政府。这也可视为中国式法治现代化在具体领域展开前行的必然要求和基本路向。

3 月下旬，晴暖春日的江城，武汉大学校园的许多樱花仍然开得很好，行政楼前几条大道和房屋四周，樱花树丛连片媲美，红白相宜绚丽多彩，令人赏心悦目神清气爽。入夜，校门外仍车水马龙游人如织、摩肩接踵，熙熙攘攘、烟火浓炽。因为惦记着文债，盛情晚餐后没有跟随朋友们一道外出放松，赶紧回到宾馆房间打开电脑，为书菊教授的专著《民行交叉案件“附带审理”模式研究》写序，这是承诺已久、被多次电催鞭策的撰稿任务。

民事行政交叉案件由于具有更为复杂多样的法律关系，如何兼顾司法公正和司法效率地设计和展开诉讼程序，一直是司法实践中的难题，也一直是法治理论中的薄弱环节。这需要抓住影响司法公正、制约司法能力的深层次问题，坚持符合国情和遵循司法规律相结合地探索新路径、新抓手。《行政诉讼法》第 61 条第 1 款规定：“在涉及行政许可、登记、征收、征用和行政机关对民事争议所作的裁决的行政诉讼中，当事人申请一并解决相关民事争议的，人民法院可以一并审理。”此类“附带审理”模式的探索和实践，为妥善解决民事行政交叉案件提供了新路向、新抓手，对此，我国诉讼法学界、行政法学界、民法学界一直在进行理论研讨，实务界一直在积极探索，不断取得一些进步，但总体上还处于比较粗浅和步履滞缓的状态，亟待深化认识和创新突破。书菊教授这本类型化研究专题著作，恰好弥补、回应了此种法治发展需求，作出了深入的理论探索和制度分析，提出了妥善高效的完善方策，具有重大的理论创新意义和实践指导价值。

《民行交叉案件“附带审理”模式研究》篇幅不大，但主题非常重要，研讨思考很深，创新内容很多。例如，民事诉讼与行政诉讼交叉案件的概念范畴、形成根源和基本类型分析，诉权的基本权利属性、公正效率价值博弈、诉的强制合并等理论分析，域外民行交叉案件处理的合一模式、分离模式、折中模式的比较分析，我国民行交叉案件解决机制的制度脉络、司法现状及其主要问题分析，附带审理制度创新完善的特殊功用、基本原则、解决路径的对策分析，都富有理论发展和制度改进的重要参考价值，体现出作者的深厚学术功力。

特别是本书作为基本对策提出并阐述的“附带审理”制度障碍的四个破解路径，包括以“诉的声明”确定案件性质，以“指定管辖”突破管辖限制，以“行使释明权”合并新的诉，以“文书间渗透”关联相关裁判等，可以说是可行管用的四个抓手，体现了坚持符合国情和遵循司法规律相结合的原则，体现了辩证唯物主义的司法方法论，体现了坚持守正创新、具有扎实法治理论修养、富有现代法治精神的中青年法学者的优秀品质，可谓难能可贵。

书菊是我指导毕业的第二届博士生，读博期间就深感她学习认真、科研努力，勤于思考、善于发现，胸怀大志、谦逊低调，毕业后与我互动很多，近年来还与我共同主编了富有社会效益和影响的《中华人民共和国公职人员政务处分法释义》《中华人民共和国监察法中华人民共和国监察法实施条例关联条文对照与适用精解》《新〈行政处罚法〉适用办案手册》等著作，协助我组织开展了国家社科基金重大项目《紧急状态的类型化和立法研究》的研究工作，过程中深感书菊的学术敏锐性很强,组织推动能力很强,工作认真精神很强,因此我一直为她的各方面进步深感骄傲,同门师弟师妹也都钦佩师姐并积极地向她学习。

由长期研究诉讼制度和司法改革问题且富有创新精神的书菊教授撰写的本书,具有专业权威性、理论探索性、实践指导性和学术参考性,值得信赖,值得参阅,特作推荐。

相信恩师许崇德教授静静地在天穹俯瞰弟子和再传弟子们脚踏大地稳步前行努力进行学术耕耘,不断取得扎实成果推动中国特色法治建设和法学发展,透过中国式法治现代化推动中国特色的市场经济、民主政治、社会文化和生态环境稳健持续协调发展,一定会深感欣慰并展现出招牌式微笑予以首肯吧?

2023年3月25日撰稿于武汉珞珈山麓君宜王朝大饭店

2023年"五一"劳动节假日修改于京北怀来的官厅湖畔

目录

绪　论

公法与私法的相互介入和影响是社会发展过程中一个重要的法治现象。自 20 世纪以来,现代行政国家兴起、政府职能转变,政府的管理和制约不仅针对公共秩序和利益,而且强调对个体民事权益的监管和保护。民事法律制度为行政法的发展提供了前提和基础,民事与行政法律制度相互渗透,两者在实践发展中难免出现复杂多样的交织情形。2020 年通过的《中华人民共和国民法典》(以下简称《民法典》)与 2021 年修改后的《中华人民共和国民事诉讼法》(以下简称《民事诉讼法》)更是开启了公私法规范交织的新常态。在现代社会中,一个法律行为的实施可能同时产生民事法律关系和行政法律关系,同时引发民事争议和行政争议,行政权与司法权不可避免地产生交叉和冲突,如行政权介入平等主体之间的民事纠纷中,引发复杂的"马拉松式"案件,加上相关民行交叉案件纠纷解决机制的缺位,当事人的合法权益迟迟得不到救济,案件久拖不决也损害了司法权威性。表面上看,民行交叉问题是由行政诉讼与民事诉讼在调整对象、调整手段、程序协调等方面的矛盾冲突引起的,但实质折射出我国现行司法机制中存在诸多缺陷,如缺乏相应的纠纷解决程序、公私法二元化划分的传统理念深入人心、司法公正与效率缺乏有机统一与协调等。这些问题阻碍了当事人合法权益的实现和权利救济。民行交叉案件具有案情复杂、诉讼周期长的特点，当事人负担了极大的讼累，浪费了司法资源，与我国建设社会主义法治国家目标背道而驰。

因此，在《民法典》颁布实施的新时代背景下，研究探索民行交叉案件本身特点和产生根源，摆脱诉讼程序选择的困境是推进法治政府建设、法治国家建设的有效手段，也是提高国家治理体系和治理能力现代化的必然要求，对保障公民合法权利，节约有限司法审判资源，兼顾公正与效率，有效维护社会稳定必将起到积极的推动作用。

第一章　民事诉讼与行政诉讼交叉案件基本认识

第一节　民行交叉案件的界定

民行交叉案件,即民事争议与行政争议交叉案件是近年来诉讼法学界研究的热点之一。民事诉讼主要调整横向的平等主体之间,也就是公民、法人或者其他组织之间的人身权纠纷或者财产权纠纷。行政诉讼则是调整纵向不平等主体,即行政权主体与行政相对人之间因行政权行使而引起的纠纷。由于社会环境的不断变迁以及法律关系的日益复杂,民法与行政法各自调整的民事法律关系和行政法律关系往往交织在一起,不可避免地导致民事纠纷与行政纠纷出现交叉。

民事争议与行政争议交叉案件,无论是将其理解为附属问题还是行政附带民事诉讼案件,抑或认为其属于责任上的竞合,都不能揭露该问题的本质,且有以偏概全之嫌。从该类案件产生的成因上看,一方面,随着行政权力的不断扩张,行政主体参与到更多的民事活动当中,使民事争议中掺杂着行政争议成为混合争议或交叉争议;另一方面,我国行政法是在民法制度基础上产生发展的,行政诉讼法律制度分离于民事诉讼的事实,注定两者从根源上发生重叠和交叉。因此,笔者更倾向于将民行交叉案件解释为民事争议与行政争议相互关联的案件，即“民事行政争议关联案件，是指行政争议和民事争议在法律事实上互相联系，在处理上互为因果或互为前提、相互影响的案件”①。2017 年修改的《中华人民共和国行政诉讼法》(以下简称《行政诉讼法》)明确规定了行政附带民事诉讼，“当事人申请一并解决相关民事争议的，可以一并审理”。这是以立法的形式在《行政诉讼法》中确立了行政诉讼中一并审理民事争议制度，弥补了原有立法空白，并在相关司法解释中对审判组织、审理程序等内容进一步细化完善，在一定程度上有助于减轻当事人讼累、避免矛盾判决以及能够促进纠纷实质性解决，是我国法治进程中民行交叉案件程序规范日益完善的重要标志。

民行交叉案件有其自身独特性：第一，民行交叉案件中存在两种不同性质的争议，这是民行交叉案件最主要的特点。如果一个案件中仅有一种性质的争议，那么适用该争议性质对应的相关部门法解决即可，不会再遇到解决两种交叉争议的困境。解决两种争议的交叉问题，首先，在案件中很难对两种争议明确区分。民事争议是平等主体之间发生的，以民事权利义务关系为内容的纠纷。行政争议是行政主体与行政相对人之间针对行政主体所作的具体行政行为是否符合法律的规定所引起的争议。从表面上看，行政争议和民事争议似乎较好区分，两者的主体不同、争议所涉及的领域也有所不同。但实际上在司法实践中，很多影响因素会导致两者间界限模糊，难以区分。例如，在行政纠纷中，我国行使行政权力的主体除行政机关外，还有一些事业单位和企业都可以在法律法规的授权下行使行政权力。当这些主体出现在民事纠纷中时，要根据其行为性质判断其为

---

① 江伟、范跃如：《民事行政争议关联案件诉讼程序研究》，载《中国法学》2005 年第 3 期。

民事主体还是行政主体。在社会活动中,行政机关由国家赋予权力负责公共管理事务,是机关法人,与此同时也是民事诉讼的主体,也可从事民事活动,因此,也可能会出现行政主体需要承担民事责任的情况。这就要求我们在诉讼过程中,需要认真辨别主体行为的性质。其次,由于行政行为纷繁复杂,与公民的生活密切相关,且会直接或间接地触及公民权利。复杂多样的行政行为和行政主体都会对法律关系性质的判断产生干扰,难以区分纠纷关系是民事纠纷还是行政纠纷,从而将直接或间接地影响当事人选择诉讼类型。目前,我国还未设立专门解决管辖权纠纷的法庭,实践中的各地法院对跨部门民事行政案件纠纷的解决没有统一标准。第二,由于民事争议和行政争议的处理结果互为前提,从而处理两种争议的诉讼具有关联性。例如,天水市中级人民法院(2009)天行初字第03号案件,该案是典型的由行政登记引发的民行交叉争议案件。原告薛某梅丈夫孙某生将其夫妻共同所有的房屋和共同使用的集体土地建设用地使用证出卖给黄某玖之后,引起了黄某玖请被告方进行土地使用登记颁证行为。原告薛某梅不服被告秦安县人民政府在2004年10月8日给第三人黄某玖登记颁发秦兴国用(2004)字1-121号国有土地使用证,2008年10月,其向法院提起行政诉讼。一审法院认为,本案审理需以在秦安县法院审理的黄某玖诉孙某生房屋买卖侵权民事案件的审理结果为依据,因两案涉及民行交叉问题,法院依照《最高人民法院关于执行〈中华人民共和国行政诉讼法〉若干问题的解释》(法释〔2000〕8号)(已失效)第51条第1款第6项规定,[1]2009年2月23

① 《最高人民法院关于执行〈中华人民共和国行政诉讼法〉若干问题的解释》(法释〔2000〕8号)第51条:"在诉讼过程中,有下列情形之一的,中止诉讼:……(六)案件的审判须以相关民事、刑事或者其他行政案件的审理结果为依据,而相关案件尚未审结的;……中止诉讼的原因消除后,恢复诉讼。"

日裁定中止了行政案件的审理,等待民事案件审理结果。在实际案件中,有时民事纠纷的解决以行政纠纷的解决为前提;有时行政争议的处理以民事争议的处理结果为基础;有时同一案件中既存在民事争议,也存在行政争议,并且两种争议的处理存在一定的联系和影响,但不存在谁为前提的问题。如某一民行交叉案件中存在两种不同性质的侵权行为。①

第二节 民事诉讼与行政诉讼交叉案件的根源

一、行政权力的扩张

行政权的扩张大概经历了近 200 年的历史,扩张原因和扩张方式复杂多样。在现代化社会进程中,人类的有序进化在客观上不断地要求更多的秩序,希望将社会事务与一些个人无法解决的事务交由更高的权力来监管,以期得到合理的分配。因此,作为一种管理能力的权力扩增在一定期间内就成为一种合理的客观需要。② 国家权力的扩张在当时满足了社会发展现状,福利国家的建立恰恰印证了这一事实。扩张的权力形式主要体现为行政权,即一种由行政主体执行法律管理行政事务的权力。一方面,行政权较为灵活多样的执行方式,使其能够更敏感地面对社会现代化带来的变迁与复杂化。行政权在处理紧急问题时的效率优势地位是行政权得以扩张的重要原因之一。另一方面,行政权在很大范围内保障了公民自由权利的行使,服务型政府建设与人民谋求福利发展的目的相契合,这给行政权力的扩张提供了非常好的机会。随着社会经济的发展,现代行政

---

① 参见黄学贤:《行民交叉案件处理之探究》,载《法学》2009 年第 8 期。

② 参见季涛:《行政权的扩张与控制》,载《行政法学研究》1997 年第 1 期。

权管理领域的不断扩大使其更广泛地介入传统私权领域。特别是当今的社会生活中，行政机关对于民事权利的确认和许可是其充分行使的前提，而行政机关的裁决有时也是很多民事争议纠纷解决的前置程序，否则便不能寻求其他救济方式。

（一）行政权力在民事领域的扩张

可以这样说：一个人的一生可能从来不与司法机关打交道，但却始终在和行政机关打交道。例如，公民出生后就需要到公安机关办理户籍，取得身份证明；长大后往往涉及获得学位证书、婚姻登记、缴纳税款、办理工商登记等。毫不夸张地说，在每个公民的生活当中，行政机关都扮演着至关重要的角色，但行政权的作用大小及其规范作用领域范围在社会发展过程中并不是一成不变的。不同社会背景下，行政权扮演着不同的角色，行政权有时积极地作用于社会管理，有时起着消极作用。封建制社会中行政权掌握在少数统治阶级手中，无论东方还是西方，各国的封建君主与地方贵族都是在分享权力，只是在权力分配方面有所差异。相同的是，在等级严密的社会中，被统治阶级的权利很少，甚至根本无法得到有效保障，无论是被统治阶级的整体利益还是个人利益，随时会受到统治阶级行政权力的侵害，此时的行政权力占积极主导作用。自由资本主义时期，公民的个人自由得到发展并且被明确提出，人们开始重视对公民个体权利的保护，对政府权力的限制，政府行政权一般不被允许随意无限制地介入公民的生活中，政府扮演着“守夜人”的角色。随着自由资本主义向国家垄断资本主义的转变，福利国家时代到来，社会运行机制发生了较大的变化。自由资本主义市场经济使经济快速发展，人民生活水平提高，但也给社会发展带来诸如贫富差距加大、环境恶化、滋生侵害社会公共利益事件等社会问题。为了克服和改善日益严重的市场问题，人们便理性对待自身在社会生活中的价值意义，以及行政机关的行政责任。而行政机关对公民的社会生活的调节也更多倾向于进行主动的行政干预，从而保障社会公平公正，维护社会秩序，因此，公民也越来越依赖因积极管理而带来的便利。行政机关不仅担负着管理社会生活，保障公共利益的责任，还要肩负起保护私主体权利的职责，因此行政权力才会逐步遍及社会生活中的更多领域，而相应的行政权力范围也随之扩张开来。

进入新时代，随着行政体制机制改革的不断完善和法治水平的提高，行政行为也会涉及社会管理和公共服务领域，以适应社会多元化的需求，但行政主体权力的扩张势必也会带来一些消极影响。在权力行使过程中，或多或少侵犯公民的人身权益或者财产权益。而且有些民事主体身份关系和部分权利义务的确认也依赖于行政主体的行政确认行为。[①] 与此同时，公民权利意识的不断觉醒和提高，以及公民社会活动的多样性，都对行政诉讼的复杂性产生影响。行政纠纷与民事纠纷交叉情况不断增多。

随着社会管理以及政府服务职能的发展，行政职权不断扩张，私权利为公权力让渡出更多可被干预的领域。行政主体在实践中的行为方式呈现出多样化趋势：行政许可、行政征收、行政信息公开、行政裁决、行政登记、行政确认等行政行为在社会管理活动中被广泛运用。行政机关不仅能作出具体行政行为，还可以作出具有裁决性质的行政司法行为。公权力向私权利领域的扩张必将使民事与行政争议的交叉增多。与世界上很多国家相似，随着我国市场经济的迅速发展，在民事方面出现了多种新型的法律关系并日趋复杂。为适应新形势发展，持续深入推进依法行政，全面建设社会主义现代化国家，不断满足人民群众日益增长的美好生活需要，法治政府必须立足

---

① 参见江平主编：《民法学》（第2版），中国政法大学出版社2016年版，第132页。

全局、统筹协调,健全依法行政制度体系,建立行政决策程序,严格规范公正文明执法,政府的行政行为越来越多地深入各种民事关系当中。同时,我国民主法治建设的不断完善也唤醒了更多公民的维权意识,越来越多的公民开始运用法律手段保护自己的合法权益,不再以消极态度容忍行政侵权行为。实践中的民行交叉案件更加多样化与复杂化。例如,因质疑民政部门的婚姻登记行为而引发的婚姻关系效力纠纷;以不动产登记部门登记为要素的房屋权属变更登记纠纷;因质疑不动产登记部门登记存在瑕疵而引发的房屋权属纠纷案件;因企业法人的设立和变更等,与进行登记管理的工商行政部门发生的争议。婚姻登记、房地产登记、工商登记等行为虽然是一种行政性行为,但显然与民事权利息息相关。婚姻登记行为会产生家庭身份关系的变化,特殊产权登记决定特殊产权归属,工商登记影响法人的设立与存续。不难看出,国家的行政权力已经渗透到人们日常生活的方方面面。在平等民事主体之间的民事纠纷中,因掺杂着当事人对行政权力合法性的质疑,民事纠纷就会变得更加复杂,往往会在提起民事诉讼的过程中引发行政诉讼案件,导致两个具有不同诉讼性质的案件相互交叉。

(二)行政权在司法领域的扩张——行政权与司法权的博弈

司法权具有被动性,或称为消极性。司法权的被动性是指司法权的行使主要是依据当事人的申请行为而产生,要依靠当事人启动诉讼程序而推动。首先,司法权的裁判对象虽然是纠纷,但纠纷的存在并不必然引起诉讼,民事诉讼必须经过当事人的主动提起,遵循司法被动性原则。也就是说,司法权的启动遵循“不告不理”原则,法官不得依职权主动行使司法权。如一审程序的开始,依赖于原告起诉行为;二审程序的启动,取决于当事人(包括检察机关提起公益诉讼)上诉行为。司法审判的范围不能超越起诉控告范围,法院判决不能超出当事人的诉讼请求范围。其次,司法权的被动性还体现在法官在诉讼过程中的被动。英美法系中当事人主义诉讼模式令当事人处于诉讼活动的主导地位,法官处于消极地位,法官被动的决定是否能够形成心证。“诉讼制度或程序真正永生的基础在于其公正性。”①司法权的被动性有利于保护当事人自由地处分诉讼权利和实体权利,从而保障司法公正。

不同于司法权的被动行使,行政权的行使是主动的。中立裁判的司法权与积极执行法律、管理社会公共事务行政权的区别就在于此。“行政机关为了实现公共利益必须积极、主动地行使职权”②,法律赋予的行政权要求行政机关必须按照职权开展积极的行政活动。行政主体在行使权力的过程中,经常面对管理内容的突发性和多样性,这就需要行政主体积极有效地行使职权,履行职责。面对违法行为,为了保护社会公共利益或者公民个人合法权益,行政机关需要主动执法以满足多方主体的需要。

司法的权能与行政的权能本该有明确的界分,但随着政府服务职能的转变,以及民众权利意识保护的提高,行政机关解决纠纷的权能越发凸显,行政主体逐渐开始通过多种方式化解纠纷,呈现行政司法化现象。从我国行政权的内部分工来看,行政权与司法权的权能交叉也为行政权向司法权渗透留有空间,这也是行政权向司法权扩张的重要原因之一。党的十八大以来,法治政府建设不断加强,行政执法体制改革力度加大,行政复议、行政裁决、行政调解等司法化活动广泛开展。在这种背景下,如何有效约束行政权,充分发挥行政权在法治国家建设中的作用是我们在法学研究中必须要积极回应和解

① 顾培东:《社会冲突与诉讼机制》(第3版),法律出版社2016年版,第62页。

② 胡建淼、江利红:《行政法学》(第3版),中国人民大学出版社2016年版,第12页。

决的重要课题。

此外,民事诉讼与行政诉讼交叉纠纷产生的原因,不仅是行政权在司法领域的单方面扩张,也包含司法权对行政领域的反向渗透。司法权向行政权渗透的一个典型例子是《行政诉讼法》中的变更判决。当行政行为明显不公平时,人民法院有权直接变更具体行政行为,这是法院对行政行为合理性进行司法审查的主要规定。除此之外,《最高人民法院关于适用〈中华人民共和国民事诉讼法〉的解释》(法释〔2022〕11号)(以下简称《民诉解释》)第500条也反映了司法权向行政权的渗透。[①] 人民法院根据宪法和法律规定享有依法独立进行审判的权力,但在司法实践中也难免会遇到类似执行难等现实问题。

二、民法与行政法的相互渗透

民法与行政法之间的相互渗透肇始于公法与私法的交织。随着现代世界的不断发展变化,受20世纪以来新自由主义思潮和公共选择理论发展的影响,作为国家公权力象征的政府开始"有意识地、有目的地对公共行政从结构、功能、过程以及行为方式等诸多方面进行变革"[②]。现代政府在行使行政权力的方式上不断多样化,其中包括将私法手段引入公法领域(如行政合同),私法原则开始渗入公法领域,公共事务也出现由私人管理的现象。在这一过程中,私法原则和规范对公法不断进行渗透和影响,从而实现个人与国家之间的平衡,出现所谓的公法的私法化。质言之,即通过将平等协商、契约精神等私法手段引入到以公共利益为考量的公法关系中,使互利互惠、合作

---

① 《最高人民法院关于适用〈中华人民共和国民事诉讼法〉的解释》(法释〔2022〕11号)第500条:"人民法院在执行中需要办理房产证、土地证、林权证、专利证书、商标证书、车船执照等有关财产权证照转移手续的,可以依照民事诉讼法第二百五十八条规定办理。"

② 吴春华主编:《公共行政学》(第2版),高等教育出版社2015年版,第408页。

共赢的理念渗透到公法领域，产生公法与私法的交叉融合。本质上，公法的私法化现象是因为国家权力在经济社会管理调控过程中有效性的减弱和部分丧失，为了解决国家全面干预措施在实践中所面临的问题，通过改变国家干预手段，突破传统的公法与私法的界限，运用私法原则规范公法关系和公益事业，国家机关通过引入私法方式来完成部分公共任务，实现由国家管理到意思自治，由"刚性行政"向"柔性指导"，由服从命令到平等协商的转变与优化。① 这种转变反映出行政机关为解决复杂的社会关系而运用多样化法律调整手段，也实现了政府行政管理手段的创新与变革。

与此同时，随着社会价值取向多元化发展，平等主体的私法领域也受到公法的影响，公权力开始对私法自治行为进行一定程度的干预，弥补私法调整的不足，解决政府和市场的双重失灵而导致的现实问题。随着现代世界的不断发展，鼓吹自由竞争的市场经济开始面临诸多困境，垄断经营、分配不均、贫富分化等社会问题接踵而至，仅仅依靠市场自身调节已经无法解决市场失灵带来的窘境。因此，很多资本主义国家不得不改变自由主义的经济政策，运用政府宏观调控规划，设计经济生活。通过部分强制性规范以及国家干预性手段解决市场失灵问题。在社会生活中，过分强调自治会影响私法对于经济社会的调节功能，因此，为了实现私法自治与公法管理的双重目的，越来越多的民事行为被置于行政权的管辖范围之中，公法逐步对私法领域产生影响，出现了私法的公法化现象。这种影响是逐步递进的，通过立法权、司法权与行政权等多种方式对私法自治进行干预，例如，为了保障社会公共利益对私有财产的限制等。行政权为了维护公共利益会渗透到民法领域中，例如，劳动法规定的劳动争议案件中的举证责任倒

① 参见田喜清：《探析公法的私法化：以行政法为视角》，载《探求》2014 年第 3 期。

置,是为了维护劳动者的权利,使其脱离不利的位置,减轻劳动者的证明责任,体现了公法对私法的影响。这些强制性规范是国家管理私法生活的重要工具,逐步在私法领域推而广之。自治不再是私法追求的唯一目标,公法理念改变了私法中固有的规范和传统,私法需要在自治与管理的双重理念中寻求平衡。① 在私法的公法化过程中,行政权力势必会对民事法律关系的产生、发展和消亡带来影响。《民法典》中关于征收征用的规定是现阶段我国行政权触及公民财产权领域中比较有代表性的政府行政性行为。② 为实现行政管理的最终目的,行政行为对私法关系产生影响。在公法私法化、私法公法化相互交融、相互影响的状态下,确定诉讼行政性质便是解决民事纠纷或者行政纠纷的基本前提,也就是说具体争议案件的诉讼救济途径是应由民事诉讼管辖,还是由行政诉讼管辖。由于公法原则与私法原则、公法规范与私法规范的差异性,在诉讼过程中公法与私法的冲突不可避免地出现,也就导致了民事争议与行政争议交叉的困境。

（一）民事行为与行政行为之间具有牵连性

民事行为与行政行为相互牵连是民事纠纷与行政纠纷交叉的主要原因之一。在现实社会生活中,许多引起民事法律关系发生的法律行为,需要以行政行为作为生效要件。例如,不动产物权的变更遵循登记主义原则,合同成立时,可能并未发生不动产权属的变化,并不必然影响不动产归属,需要进一步通过变更登记才会使所有权发生转移。司法实践中,存在大量因变更不动产物权登记侵犯第三人

① 参见孙国华主编:《中国特色社会主义法律体系研究——概念、理论、结构》,中国民主法制出版社 2009 年版,第 152 页。

② 《民法典》第 117 条:“为了公共利益的需要,依照法律规定的权限和程序征收、征用不动产或者动产的,应当给予公平、合理的补偿。”

合法权益的案件。[①] 典型纠纷的还有一些涉及婚姻关系的案件，其中也能够体现出存在民事行为与行政行为牵连。[②]

一般而言，因行政行为产生的争议理应属于行政诉讼案件的受案范围。但这些案件中很多无法避免地存在民事行为与行政行为相互关联的情形，关于此类案件的审理，不同法院有不同的解决方式。典型的情况有，关于村委会的部分行为如何定性的问题，可否将某些行为视为行政行为纳入行政诉讼范围，实践做法中存在争议。[③] 例如，在申请宅基地证的环节中，须征得村委会的同意并签字盖章，但当村委会拒绝签字使村民的利益受到侵犯时，村民以村委会作为被告提起诉讼，对此部分法院认为可将村委会视为行政机关的内部科室，因此不履行签字盖章的行为视为不依法履行行政职责，此案件应交由行政法庭法官予以审理；有的法院则认为村委会是基层群众性自治组织，不予签字盖章的行为无法被视为行政行为，因此不属于行政诉讼的受案范围，拒绝审理。这就使村委会的拒绝行为到底是属

---

① 例如，甲、乙双方签订房屋买卖合同，合同中约定房屋成交价为 40 万元，甲先交付 35 万元，约定余款 5 万元待土地证、房产证过户后再交付。乙应当在 3 个月内办理过户手续，否则视为违约，并赔付甲 10 万元违约金。甲依约向乙支付了 35 万元后，乙没有根据合同规定办理过户手续。甲向法院提起民事诉讼，要求乙按照合同约定履行过户登记手续，并支付违约金。与此同时，案外人丙也向法院提起了诉讼，但系行政诉讼，请求法院判令市房产局撤销颁发给乙的房产证。丙诉称：乙伪造了丙将该地赠与乙的赠与合同，取得土地使用证，并进而申报房产证，由于被告市房产局受理登记时审查失察，未认真核对乙提供的资料，将该房产错误登记在乙名下并颁发了房产证。另外，丙还申请要以第三人的身份参加到甲乙买卖房屋的民事诉讼中，主张该房产为自己所有，甲乙恶意串通签订的房屋买卖合同无效。显然，这个案件中由于行政行为与民事行为存在牵连性，导致了民事诉讼与行政诉讼也必然存在交叉的关联。

② 例如，在一起离婚案件中，民政工作人员按照男女双方的合意表示，在制作离婚协议书时写道：“男方离婚后回父母家居住。”由于这项内容涉及男方父母的财产权，男方父母将民政局作为被告提起诉讼，认为被告民政局在没有征得房主本人同意的情况下制作具有法律效力的离婚协议书的行为侵犯了其合法权益。

③ 参见何海波：《通过村民自治的国家治理》，载沈岿编：《谁还在行使权力：准政府组织个案研究》，清华大学出版社 2003 年版。

于民事行为还是行政行为存在不同的观点。正是因为客观存在民事行为与行政行为牵连，因此极易产生民事纠纷与行政纠纷的交叉，这种交叉也带来关于应用何种程序解决纠纷的现实问题。①

曾引起巨大轰动历时 10 年的“高某善诉焦作市影视器材公司房产纠纷案件”是我国目前最具有代表性的民行纠纷交叉案件，该案先后经历三级人民法院的数次审判，共计作出 18 份判决，纠纷却始终无法通过正当的法律途径得到妥善解决。近年来，随着社会生活持续变迁，科学技术迅猛发展，行政权在社会生活中不断扩张，对经济、政治、文化都产生重大影响，许多社会生活领域都需要政府权力进行调整，行政权影响着全社会的各项生产生活。行政活动复杂多样，民事活动与行政活动相互渗透，民事纠纷与行政纠纷交叉案件呈现逐年增长的势头。在涉及一些属于私权领域的关系时，如果行政机关处理不当，或者行政相对人对处理结果不满意，就会导致民行交叉纠纷。

民事行为与行政行为之间的牵连性，导致某些情况下民事案件与行政案件也存在一定的联系，这种关联主要体现在以下四个方面：其一，主体上的关联性，即行政争议的主体与民事争议的主体存在重叠关联的情形。民事案件与行政案件中主体相互交叉重叠，行政诉讼的一方当事人为民事诉讼中的当事人，反之亦然。其二，两种争议之间的权利义务相关联。因同一行为而产生了不同性质的争议，或是行政争议渗透于民事争议中，或是行政争议中包含民事争议的内容。其三，诉讼请求具有关联性。无论是行政诉讼还是民事诉讼案件中，都会涉及一个或多个诉讼请求，由于两者是基于同一客体产生的争议，因此在两种诉讼中诉讼请求会具有关联性，如确认房屋权属

① 参见李佳：《民事诉讼与行政诉受理范围交叉问题探论》，载《求索》2009 年第 12 期。

与房屋登记行为。其四,处理结果的内在关联性。这种关联性在司法裁判中主要表现为民事争议是解决行政争议的前提,或者行政争议是民事争议产生的基础,两者之间存在因果关系。例如,“舒某松等与某县国土资源局行政登记案”①,本案中原告舒某松与杨某惠之父 1985 年间于某乡修建了两间房屋并办理了房屋初始登记,其父去世后原告经查后发现上述房屋已转移到第三人舒某平名下,后发现在办理所有权转移登记中某县房地产管理局在申请人未提供所有权转移的证明材料(赠与协议),转移登记书、审批表未有本人签字的情况下办理了所有权转移手续。因此以某县房管局未尽审慎审查的职责且违法登记为由,请求法院撤销所有权转移登记。在此案中,原告与某县房地产管理局之间是针对房屋登记是否合法产生的行政争议。同时,原告与第三人舒某平之间涉及关于房屋赠与协议是否属实又发生民事纠纷,此民事纠纷的关键点在于赠与协议是否有效,而赠与协议的有效性则对所有权的归属产生影响,也影响行政行为的效力,这就导致民事争议与行政争议之间存在一定的关联性,民事争议的结果影响行政争议的裁判。由于本案中法律行为之间相互牵连且相关,符合一并审理的条件,法院最终一并审理该案件中的争议。

实践中民行交叉案件的复杂性,以及缺少对民行交叉案件解决机制的细化规定,导致司法实践中各人民法院的审理方式各不相同,以致有些情况相似的案件却得不到相似的判决结果。当事人不服而上诉,抑或申请再审的情况时有发生,案件迟迟得不到终局性结果,不仅增加了当事人的诉累,浪费了有限的司法资源,同时也大大降低了法律与法院应有的司法权威。

(二)民行交叉问题的理论与立法实践存在困境

在我国,无论是行政诉讼抑或民事诉讼领域,关于民行交叉问题

---

① 参见临澧县人民法院行政判决书,(2017)湘 0724 行初 16 号。

的讨论与研究从未停止并且不断推进,在理论界与实务界均产生了一定的成果,但理论界与实务界对于争议交叉的基本理论问题仍然处于百家争鸣阶段,争议激烈。讨论已经长达 20 年之久的民行交叉问题,近些年有愈演愈烈的趋势。学术界给出的民行交叉案件的处理方式大体分为 5 种:先进行行政诉讼后进行民事诉讼;先进行民事诉讼后进行行政诉讼;行政附带民事诉讼;[①]民事案件与行政案件各自独立审理;民事诉讼中将行政争议视为辅助处理内容。这些处理方式对实践都产生了影响,其中以行政附带民事诉讼的影响最大。但对实务领域看好并大力推行的行政附带民事诉讼的处理方式,学术界认识不一。尤其是在行政附带民事诉讼的范围、审判程序等方面仍有诸多讨论。关于民行交叉案件的处理机制的探讨观点不一,面对两种诉讼程序的冲突,如何能够实现诉讼目的与价值的统一成为新的难题。应当看到,理论研究方面对一些基本理论问题的研究角度、立场不同,因此在范围的界定、处理方式的选择中也存在不同的观点,一定程度上造成了实践与理论之间的脱节,学界与实务界在各自的领域里按照自己的想法对民行交叉问题进行改造,这也给民行交叉的法律完善制造了一些障碍。

---

① 成协中教授认为,从法规范的权力分配角度出发,通常情形下对于特定事实享有最终判断权的主体只有一个。如果法律赋予两个主体对同一法律争议以最终的判断权,则冲突在所难免。相反,如果立法只将特定争议交由某一特定机关解决(如民事法院或行政法院),那么通常情况下不会产生裁判冲突的问题。实践中存在的民事与行政裁判冲突问题,多因未能恰当判断特定纠纷的解决主体,或存在越权行为,或因对裁判"不一致"的认识不足所致。当行政诉讼基于适用法律错误、程序违法或超越、滥用职权等理由否定行政行为时,行政诉讼未必对行政行为的事实问题也作出认定,而事实问题特别是民事行为问题正是民事诉讼审查的核心。这种情况下,即使行政诉讼与民事诉讼的最终结论不一致(比如行政相对人在行政诉讼中胜诉,同时又在民事诉讼中败诉),实质上两种裁判之间并未产生交集,也就相应地不存在裁判不一致问题。为此行政附带民事诉讼的提起以不打破现有诉讼规则和架构为限,包括诉讼自愿原则、诉讼管辖原则、举证责任规则、诉讼权利规则、判决形式规则等。基于诉讼效率的考虑,可将某些行政与民事交叉的案件一并审理。参见成协中:《行政民事交叉争议的处理》,载《国家检察官学院学报》2014 年第 6 期。

相关法律的不完善是民行交叉案件产生的主要原因。立法机关通过的一些法律将一部分民事纠纷案件管辖权移交给行政机关由行政机关进行管辖,这直接导致了民事诉讼与行政诉讼的交叉。例如,《商标法》(2019 修正)第 60 条第 1 款规定、①《土地管理法》(2019 修正)第 14 条第 1 款规定等。② 我国现有的法律体系里,有关民行交叉案件如何处理的规定并不少,如《民事诉讼法》(2021 修正)第 153 条第 1 款第 5 项、③《行政诉讼法》(2017 修正)第 61 条、④《最高人民法院关于适用〈中华人民共和国行政诉讼法〉的解释》(以下简称《行诉解释》)(法释〔2018〕1 号)第 87 条第 1 款第 6 项,⑤但是现有的法律规定散落在法律法规和司法解释的各个角落里,不仅包括中止规定、合并规定,还有对举证要求的规定、保全证据的规定,然而这些规定凌乱分散,不利于当事人行使自己的诉讼权利,除此之外,现有的规定也十分局限,缺乏可操作性。比如《行政诉讼法》(2017 修正)第 61 条规定,限定了法院“一并审理”的范围,只有在违法的行政裁决中才能采用,这就将其他的民事权益争议排除在外。此外,本条还存

---

① 《商标法》(2019 修正)第 60 条第 1 款:“有本法第五十七条所列侵犯注册商标专用权行为之一,引起纠纷的,由当事人协商解决;不愿协商或者协商不成的,商标注册人或者利害关系人可以向人民法院起诉,也可以请求工商行政管理部门处理。”

② 《土地管理法》(2019 修正)第 14 条第 1 款:“土地所有权和使用权争议,由当事人协商解决;协商不成的,由人民政府处理。”

③ 《民事诉讼法》(2021 修正)第 153 条第 1 款第 5 项:“有下列情形之一的,中止诉讼:(五)本案必须以另一案的审理结果为依据,而另一案尚未审结的。”

④ 《行政诉讼法》(2017 修正)第 61 条:“在涉及行政许可、登记、征收、征用和行政机关对民事争议所作的裁决的行政诉讼中,当事人申请一并解决相关民事争议的,人民法院可以一并审理。在行政诉讼中,人民法院认为行政案件的审理需以民事诉讼的裁判为依据的,可以裁定中止行政诉讼。”

⑤ 《最高人民法院关于适用〈中华人民共和国行政诉讼法〉的解释》(法释〔2018〕1 号)第 87 条第 1 款第 6 项:“在诉讼过程中,有下列情形之一的,中止诉讼:……(六)案件的审判须以相关民事、刑事或者其他行政案件的审理结果为依据,而相关案件尚未审结的。”

在规定内容模糊的问题,对于人民法院“一并审理”具体如何审理,是行政附带民事的审理方式,还是民事附带行政的审理方式,立法对于具体的诉讼程序没有规定,最高人民法院也没有制定统一的规则引导法院处理此类案件,在具体案件中,当事人提出“一并审理”要求的期限和方式也就无从说起。在“一并审理”的民行交叉案件中,关于法院采取的判决方式也各不相同,多数法院采取分别裁判的方式,也存在附带判决的方式,理由是由于各当事人在提出不同诉求时的称谓与地位不同、举证责任等存在差异,对此采用分别判决的方式更为适宜。

最高人民法院出台过司法解释、批复等以解决民行交叉案件中的审理难题。1992 年《最高人民法院、公安部关于处理道路交通事故案件有关问题的通知》(法发〔1992〕39 号)(已失效)第 4 条①提及关于交通事故责任认定书的法律性质,不属于具体行政行为不可诉。2000 年《最高人民法院关于执行〈中华人民共和国行政诉讼法〉若干问题的解释》(法释〔2000〕8 号)(已失效)第 61 条②规定对于平等主体之间的民事争议裁决违法,经当事人申请,人民法院可以一并解决民事争议,行政附带民事诉讼。通过条文可以看出此时的一并审理仅限于行政裁决行为,受到一定范围的限制,但也为后来的民行交叉案件的审理提供了制度的空间。随后 2002 年《最高人民法院关于专

---

① 《最高人民法院、公安部关于处理道路交通事故案件有关问题的通知》第 4 条:“当事人仅就公安机关作出的道路交通事故责任认定和伤残评定不服,向人民法院提起行政诉讼或民事诉讼的,人民法院不予受理。当事人对作出的行政处罚不服提起行政诉讼或就损害赔偿问题提起民事诉讼的,以及人民法院审理交通肇事刑事案件时,人民法院经审查认为公安机关所作出的责任认定、伤残评定确属不妥,则不予采信,以人民法院审理认定的案件事实作为定案的依据。”

② 《最高人民法院关于执行〈中华人民共和国行政诉讼法〉若干问题的解释》(法释〔2000〕8 号)第 61 条:“被告对平等主体之间民事争议所作的裁决违法,民事争议当事人要求人民法院一并解决相关民事争议的,人民法院可以一并审理。”

利法、商标法修改后专利、商标相关案件分工问题的批复》(法〔2002〕117号)(已失效)[①]为设计专利或商标注册权的专利案件中民行交叉案件裁判标准对接作出有益尝试,对专利复审委员会作出的具体行政行为不服而提出的行政诉讼,可由知识产权庭统一审理。在现行法律框架下解决专利案件民行交叉问题的路径,知识产权案件中涉及的行政争议可在民事审判过程中进行。但在司法实践中,由于指导的不一致也存在诸多应用问题。[②] 直到《行诉解释》(法释〔2018〕1号)第137~144条中对“一并审理”制度规定的出现,才为实务操作与理论研究提供了明确的方向。但实践中如何理解操作《行政诉讼法》(2017修正)第61条的规定,如何更好地解决纠纷,仍有待于继续研究与探索。[③]

综上,由于立法中缺乏统一性的操作规范,理论界存在的诸多争议,致使法院在审理民行交叉案件时缺乏指导,无所适从。民行交叉案件审理过程中仍存在较多的障碍,也给司法实践操作带来了一定的困扰,审判人员在处理民行交叉案件中多凭借经验来处理,缺少详细指引,导致主观性较大。[④]

---

① 《最高人民法院关于专利法、商标法修改后专利、商标相关案件分工问题的批复》(法〔2002〕117号):“对于人民法院受理的涉及专利权或者注册商标专用权的民事诉讼,当事人就同一专利或者商标不服专利复审委员会的无效宣告请求复审决定或者商标评审委员会的裁定而提起诉讼的行政案件,由知识产权审判庭审理;不服专利复审委员会或者商标评审委员会的复审决定或者裁定的其他行政案件,由行政审判庭审理。”

② 参见广东省深圳市盐田区人民法院调研课题组:《行政与民事交叉案件审理中存在的问题与对策》,载《人民司法》2008年第7期。

③ 《行政诉讼法》(2017修正)第61条:“在涉及行政许可、登记、征收、征用和行政机关对民事争议所作的裁决的行政诉讼中,当事人申请一并解决相关民事争议的,人民法院可以一并审理。在行政诉讼中,人民法院认为行政案件的审理需以民事诉讼的裁判为依据的,可以裁定中止行政诉讼。”

④ 参见宋冬梅:《论民行交叉案件审理模式的完善——基于行政审判的视角》,山东大学2014年硕士学位论文,第19页。

三、民事诉讼与行政诉讼的制度设计不同

(一)民事诉讼与行政诉讼的目的不同

从诉讼价值、诉讼目的等基本内容来看,目前国内多数学者认为,民事诉讼具有“目的性价值”与“手段性价值”两类价值。“目的性价值”是为了使民事诉讼程序满足诉讼主体需要而形成的,可以分为程序公正价值和效益价值。程序公正价值,包括实质公正和形式公正,这就要求法律不仅要在诉讼活动过程中体现程序的公正性,还要保证法律关系主体间权利义务的分配合理。民事诉讼程序公正价值决定了民事诉讼中一些基本原则,如诉讼权利平等原则、法官中立原则、辩论原则等。民事诉讼效益价值,则决定了当事人选择哪种方式解决纠纷以实现经济效益的最大化,同时也要求司法机关在审理案件时,注意节约司法资源,提高办案效果,毕竟“迟到的正义非正义”。

民事诉讼的外在价值是为满足内在价值而服务的,主要表现为秩序价值,即司法机关通过行使司法权维护社会的正常秩序。公正与效率是诉讼法的共同价值。在民事诉讼中,当事人启动或者参加诉讼的目的大多是希望通过法律程序来保障自己的民事权益不受侵害,或以法律为攻击手段,或以法律为防御手段,通过正当的诉讼程序去维护当事人自身的合法权利、减少或者降低损失,希望通过诉讼途径使其利益获得司法保护。随着行政主体行政权的扩张,在行政诉讼中行政主体一方依据法律而具有强大的权力,行政相对人则处于相对弱势地位,与之对应,从权利与权力平衡的角度讲,行政诉讼是通过法院行使审判权从而制约行政权来满足行政相对人的权利。与此同时,行政诉讼通过审查行政主体的权力来达到控制行政权力的目的,防止行政主体滥用行政权。当然,行政诉讼具有公平性,不能因为行政相对人处于相对弱势的地位,就在诉讼结果中完全控制

行政权。例如,驳回原告的诉讼请求,其诉讼的结果是确认行政行为的合法性,也从另外一个角度维护了行政权力的权威。因此,司法机关需要恪守以事实为根据,以法律为准绳,公正司法裁判以维护社会秩序,让人民群众信任司法,使用法律的武器去保护自身的合法权益,促进社会和谐发展。除此以外,行政诉讼还担负着保障行政相对人权利和控制行政权的任务。

《行政诉讼法》(2017 修正)第 1 条规定了我国行政诉讼的目的。① 法院在行使审判权的过程中,要注意依法监督行政主体的行为,保护行政相对人的合法权益,防止行政权力被滥用,更好地为人民服务。行政纠纷是行政机关及其工作人员在行政管理过程中,因行使行政权力而与行政相对人产生的纠纷。判定行政行为的合法性是行政诉讼主要需要解决的问题。民事诉讼解决的是平等主体间因人身关系或者财产关系而产生的纠纷。民事诉讼与行政诉讼最终目的的不同,决定了民事诉讼与行政诉讼在法律原则、法律规则上的不同及民事案件与行政案件处理方式的不同。例如,在房屋产权登记中,申请人向不动产管理机关申请权属登记,不动产登记机关需要根据申请人的申请内容完成登记行为。该行为确定了待登记房屋的产权,对于外界已经产生了公示效果,民事主体之间的权利义务关系也因为登记行为而产生影响,但行政行为并没有形成新的权利义务。但如果第三人认为登记行为影响其自身权益,因此而向人民法院请求行政机关撤销登记。人民法院在处理纠纷时,必定会涉及房屋所有权的民事纠纷以及登记这一行政行为是否准确、是否合法的行政纠纷。基于此将需要对民事诉讼法律和行政诉讼法律进行适用。

---

① 《行政诉讼法》(2017 修正)第 1 条:“为保证人民法院公正、及时审理行政案件,解决行政争议,保护公民、法人和其他组织的合法权益,监督行政机关依法行使职权,根据宪法,制定本法。”

最重要的是,从案件的审理角度来看,两种诉讼的目的导致审查内容的不同。在民事诉讼中,法院审理案件时可以审查民事行为的合法性和合理性。但考虑到行政权具有独立性,无故不被其他机关所影响和干预,因此在行政诉讼中,法院主要是针对被诉行政行为的合法性进行审查并作出裁判。人民法院在法律规定的范围内对行政行为行使审判权,对行政主体的法定职权需要予以尊重。当然也存在例外情况,即在行政诉讼法中也并不是完全排除对行政行为合理性的审查,只不过审查行政行为合理性时要受到严格的适用条件限制。

此外,民事诉讼法与行政诉讼法的制定有着不同的制定任务和目标,在审判中也必然依据不同的法律,具有不同的程序规则。在处理民事和行政交叉案件中,民事纠纷以民事法律为依据,行政纠纷以行政法律为依据。我国的行政诉讼制度尚未形成完整独立的体系,还存在一些不够充分的地方。在行政诉讼案件中,当《行政诉讼法》规定不够完善或并未明确规定时,法院法官需要根据规定参考《民事诉讼法》中的相关程序规定进行处理。① 在民行交叉案件中,民事法律关系和行政法律关系的相互交叉,应当如何处理民行交叉案件,需要进一步探讨和迫切需要解决的是在这类案件处理的过程中审理程序应如何适用的问题。

(二)民事诉讼与行政诉讼的原则冲突

同样都是部门法,作为诉讼法的分支,行政诉讼与民事诉讼具有共同适用的基本原则和基本制度,诸如独立行使审判权的原则、公开

---

① 《行政诉讼法》(2017 修正)第 101 条:“人民法院审理行政案件,关于期间、送达、财产保全、开庭审理、调解、中止诉讼、终结诉讼、简易程序、执行等,以及人民检察院对行政案件受理、审理、裁判、执行的监督,本法没有规定的,适用《中华人民共和国民事诉讼法》的相关规定。”

审判的基本制度、回避制度等。但是两者也因为诉讼目的的不同而具有明显不同的原则和规则。两种诉讼中有关处分原则、调解原则与反诉制度、举证责任分配制度等方面就存在许多差别,既然民事和行政具有一定的交叉关系,在法律适用上也必然存在冲突,法官在审理案件时需要进行协调适用,以减少和降低法律适用冲突的问题。

两种程序的制度在很多方面是存在不同的。在行政诉讼程序中,原告和被告双方享有对实体权利的处分权并不完全对等。原告处于相对弱势的地位,但具有实体上的处分权,而作为被告的行政机关则并不享有。然而在民事诉讼中,原被告为平等的民事主体,原告和被告具有相同的权利和义务,即均享有在实体上的处分权。调解原则与反诉制度在两种诉讼制度中也存在冲突。用调解的方式解决纠纷,是民事诉讼中始终坚持并强调的基本原则。调解制度对于多元化纠纷解决机制可以起到重要的作用,有效地缓解目前司法实践“案多人少”的情况。1982 年《民事诉讼法(试行)》[①](已失效)和此后经历数次修正的《民事诉讼法》中均有关于调解原则的规定。反诉是作为被告可以援用的一种重要的司法救济程序和防御方法,在我国民事诉讼法制度中一直有所规定。[②] 允许被告反诉也体现了民事诉讼当事人双方权利平等的基本原则。传统行政法学理论认为,公法具有不可放弃性与不可处分性,认为行政主体一旦作出行政行为,要么合法,要么就不合法。行政机关不存在放弃权力的情况,行政机

① 1982 年《民事诉讼法(试行)》第 6 条:“人民法院审理民事案件,应当着重进行调解;调解无效的,应当及时判决”。1991 年、2008 年、2013 年、2017 年和 2022 年施行的《民事诉讼法》均在第 9 条:“人民法院审理民事案件,应当根据自愿和合法的原则进行调解;调解不成的,应当及时判决。”

② 1982 年的《民事诉讼法(试行)》第 46 条:“被告可以承认或者反驳诉讼请求,有权提起反诉。”《民事诉讼法》(2021 修正)第 54 条:“被告可以承认或者反驳诉讼请求,有权提起反诉。”

关不能与行政相对人进行讨价还价，在行政诉讼法中引入调解制度容易损害国家的公信力，使公民认为国家的行政部门可以进行讨价还价，可以放弃权力，那势必会造成不公正的现象，所以除国家赔偿、行政补偿等法定自由裁量案件会涉及调解外，调解原则不适合应用于行政诉讼中。① 在行政诉讼中作为原告的行政相对人和作为被告的行政主体并非平等的权利主体，属于典型的不平等的主体关系，因此反诉制度也不适宜在行政诉讼法中运用。行政执法人员代表行政主体履行职务行为，其行为产生的效果由行政主体承担，并不是由行政相对人承担，所以由于诉讼地位的不对等，在行政诉讼中也就不能适用反诉制度。

此外，两种诉讼的举证原则也存在一定的差异，举证责任制度作为诉讼制度中的基本制度能够反映诉讼的基本模式，也能体现出诉讼制度的基本价值。一般认为，关于举证责任的研究是从民事诉讼中的举证责任开始的，关于举证责任的法谚发展成了现在“谁主张，谁举证”的民事诉讼举证规则。② 举证责任划分的不同也正是由于立法宗旨、程序价值和诉讼目的以及涉案性质上的差异综合起来的结果。在行政诉讼中，作为被告的行政机关在法律中规定其具有广泛的调查权、裁量权，在作出行政行为时，行政法律关系中行政机关具有全面的调查收集和审查判断证据的权力。法律赋予了行政主体这些权力是因为，行政行为的作出要具备法律依据，应当具备合法性，不能随意作出行政行为。正是由于行政主体享有这种权力上的

---

① 《行政诉讼法》(2017 修正)第 60 条第 1 款：“人民法院审理行政案件，不适用调解。但是，行政赔偿、补偿以及行政机关行使法律、法规规定的自由裁量权的案件可以调解。”

② 参见张卫平：《诉讼构架与程式：民事诉讼的法理分析》，清华大学出版社 2000 年版，第 279 页。

特殊性,行政相对人就因此处于一个相对弱势的地位,也只有约束行政主体合法行使权力,防止权力滥用,才能充分保障行政相对人的合法权益。正是由于具有这种权力上的优势,在行政诉讼中作为被告的行政机关应该承担举证证明责任,证明其行政行为具备合法性。同时,考虑到我国行政信息公开制度还在不断完善的过程中,行政主体公开的信息一般是概括性的或是结果性的,对于据以作出行政行为依据的案卷材料和行政行为作出的具体过程通常是保密的,行政相对人不能通过正常途径查阅、了解行政行为的作出过程和行为依据,这会直接导致行政相对人掌握证据的能力和程度削弱,让作为原告的行政相对人举证会明显加重原告的举证责任,增加原告诉累。因此,从举证便利和正当程序的角度出发,行政诉讼中也需要由被告行政机关承担证明其行政行为合法性的举证责任。[①]

四、法院审判体系和审判能力现代化的现实差距

依据《人民法院组织法》规定,人民法院审判刑事、民事、行政等案件分别由不同的职能部门负责。各部门之间分工明确,但彼此之间却也缺乏沟通与联系。因此在面临民行交叉案件时,由于各审判组织之间独立审理案件,缺乏进行充分沟通协调的机制,导致审判结果很可能未达到当事人所期待的实际效果。这也是民行交叉案件处理难的根源之一。2020 年 3 月 16 日,最高人民法院印发了《关于人民法院贯彻落实党的十九届四中全会精神推进审判体系和审判能力现代化的意见》(以下简称《推进审判体系和审判能力现代化的意见》),其中提出:要加快推进审判体系和审判能力现代化建设,推动中国特色社会主义司法制度成熟发展,要将我国的司法制度优势转

① 参见杨临宏:《行政诉讼法:原理、制度与程序》,中国社会科学出版社 2020 年版,第 121 页。

化为治理效能,以建设智慧法院为依托,以建设素质过硬的法院队伍为组织提供保障,要加强组织领导,明确职能分工协作,形成一整套完备的制度体系,提高治理效能,保障经济社会发展,实现审判体系和审判能力现代化,不断提升审判、执行、服务、管理水平。① 《推进审判体系和审判能力现代化的意见》多次提及审判体系和审判能力现代化的重要性,而审判实践是考察社会主义司法制度的重要环节。法院审判体系和审判能力现代化的现实差距导致民行交叉案件处理困局主要体现在以下几个方面。

一方面,民行交叉案件的信息存在信息沟通不畅。人民法院内部有自身的权责划分和部门组成,各部门间缺乏沟通,信息不对称,这是导致争议没能良好解决的重要因素。近年来,为解决“立案难”的问题,法院实行立案登记制度改革,在解决老百姓“法院门槛难进”问题的同时,客观上加重了法院的立案工作量。曾经被寄予希望的立案甄别机制在这一背景下似乎难以有效实行。具体表现为,法院立案时针对民行交叉案件的属性缺乏判断力,与其他类型的案件相比,民行交叉案件通常更为复杂,甄别难度系数更高,面对繁重的工作任务,立案庭在遇到民行交叉案件时无法分配更多的时间和精力进行甄别和合理分配。而许多民行交叉的案件在立案阶段如果没有得到正确甄别与分配,便失去了及时获得有效救济的机会。在立案甄别机制失效的情况下,法院内部信息交流不足,缺乏信息共享机制,进一步影响了民行交叉案件妥善解决的可能性。由于当事人的法律知识与能力受限,当事人并不能很好地判断两个案件之间是否存在关联,因此通常没有将相关情况及时反馈给审判人员的意识,而

① 参见最高人民法院:《关于人民法院贯彻落实党的十九届四中全会精神　推进审判体系和审判能力现代化的意见》,载《人民法院报》2020 年 4 月 2 日,第 2 版。

法院内部也缺乏了解关联案件的信息渠道,加之审判人员缺乏对民行关联案件的沟通与交流,易发生由于案件事实认定情况不一致,而做出相违背相矛盾的判决,会对司法权威的树立产生不利影响。并且由于缺乏沟通交流,也易产生司法资源的浪费现象。①

另一方面,审判人员队伍的综合素质有待进一步提高。审判人员不当释明、机械办案是影响民行交叉案件的重要因素之一。有些审判人员在案件审理过程中缺乏主动性,惯于就案办案没有统筹精神,导致纠纷未能整体解决。有些员额法官对于专业知识了解不够详尽,对于法律的规定理解模糊,无法作出专业的判断。更有甚者为了减轻"工作负担","建议"甚至要求当事人通过另一诉讼程序寻求救济。当然,审判人员不愿处理民行交叉案件除业务水平和责任心等主观因素外,也受到客观因素的影响,法律层面的缺失与诉讼本身的矛盾冲突、法院系统的整体考量都是影响民行交叉案件审理的因素。在民行交叉案件中,审判人员的职业素养也是影响案件处理的因素,实践中存在审判人员由于法律规定的不明与当事人对法律知识的匮乏,而推诿简化处理民行交叉案件的情况。由于民行交叉案件具有复杂性与专业性的特点,有时案件处理需要依靠该当案件法官的主观判断。在审理过程中发现,此案的审理需要中止诉讼等待另一案的审理结果,而是否中止诉讼由法官的主观意志决定。依据最高人民法院行政庭的内部答复,民行交叉案件中,如民事争议为纠纷解决前提应先处理民事纠纷,再进行行政诉讼。而实践中往往由于民事法官和行政法官之间对于双方的审判工作不熟悉而相互推诿,部分情形下无须通过中止诉讼的方式解决纠纷。实践中也经常

---

① 参见张光宏、毕洪海主编:《行政附带民事诉讼的理论与实践》,中国政法大学出版社 2014 年版。

出现在行政诉讼中审判人员发现案件应以民事纠纷审判结果为依据而中止诉讼时,发现此时民事诉讼案件已经中止,正在等待行政案件的解决的情况。由此两者陷入了无限循环中,对当事人的权益产生不利影响,更有甚者引发多个诉讼,导致案件久讼不决。[①]

第三节　民事诉讼和行政诉讼交叉问题类型探析

随着行政和民事交叉案件不断增多,针对不同类型的案件进行比较精确的分类,具有十分重要的意义。目前,学术界对此已有不少学者提出了自己的看法,有人认为,从民事纠纷与行政争议的关联性来看,可以将民行交叉案件分为三大类:第一类为行政纠纷中涉及民事纠纷;第二类为行政纠纷和民事纠纷并重,具体是指因同一法律事实而产生的民事纠纷和行政纠纷;第三类为以民事纠纷为主涉及行政案件。[②] 一些学者根据民事争议与行政争议主体的主次程度,将其分为民事辅助型交叉案件、行政辅助型交叉案件、行政纠纷和民事纠纷交叉案件。其中,民事辅助型的交叉诉讼分为民事必要交叉型案件和民事辅助交叉型案件;而行政辅助型的交叉案件又可划分为行政必要型和行政关联型两种。一些学者主张把行政纠纷分为两大类:一是以行政纠纷为主附带民事案件的纠纷;二是以民事纠纷为主附带审查行政纠纷的案件。[③] 一些学者依据行政行为的干预方法,将民行交叉案件又分为:行政行为直接介入民事纠纷产生的案件、行政

---

① 参见龙江洪:《民事与行政交叉案件审理问题的研究》,载《当代法学论坛》2011 年第 1 辑。

② 参见薛刚凌:《处理行政、民事争议重合案件的程序探讨》,载《法律科学·西北政法学院学报》1998 年第 6 期。

③ 参见黄江:《行政、民事关联诉讼问题探讨》,载《政治与法律》2001 年第 5 期。

行为间接介入民事纠纷产生的案件。① 还有的学者以行政行为类型来划分。② 通过对民行交叉案件进行类型化分析,无疑有助于下一步探讨此类案件的审理模式与制度优化方案。笔者在学界已有的研究成果基础上,将从处理顺序、行政行为和司法实践等几个角度对民行交叉案件的类型予以划分。③

一、民行交叉案件处理方式的基本类型

民事诉讼和行政诉讼相互交叉的问题,若从司法实践的角度进行分析的话,当前由于法官对于法律的理解以及具体案件的实际情况不同,就容易产生全国各地法院对于民行交叉案件的处理并不一致的现象。具体而言,处理民行交叉案件纠纷的具体解决模式包括民前行后、行前民后、行政诉讼附带民事诉讼、行政行为在民事诉讼中进行合法性审查以及民事诉讼和行政诉讼分别单独处理。而从民行交叉案件争议的处理顺序来看,则主要表现在民事诉讼和行政诉讼的先后顺序或者同时处理上。下文分别从以上三个角度对司法实践中民事诉讼与行政诉讼交叉案件的处理方式进行梳理。

(一)先行处理

这种方式包括:先行后民、先民后行。在处理上有先后处理顺序的均属于先行处理。学者对于应首先解决行政纠纷还是民事纠纷,在民行交叉案件现行处理模式下,对先后处理顺序也是存在争议的。

---

① 参见王喆:《行政争议与民事纠纷的交叉问题》,载《行政法论丛》2005 年第 1 期。

② 参见何海波:《行政行为对民事审判的拘束力》,载《中国法学》2008 年第 2 期。

③ 参见成协中:《行政民事交叉争议的处理》,载《国家检察官学院学报》2014 年第 6 期。学界已有的分类标准仍有待商榷,如成协中教授认为,主次本身并不能够成为一个独立的标准,它还需要另外的如何判别主次的标准进行辅助,而如何判别在一个实际的案件中哪一个性质的争议或纠纷是主要的而其他性质的争议或纠纷是附属的或附带的,相应学者并没有给出一个相应的辅助标准。而以行政权为视角来判断行政活动对民事活动的规范效应,基于行政权介入民事活动形式的多样性和内容的复杂性,行政权对民事活动的规范效应能否仅仅从行政权的角度予以判断?

实际上,民行处理的先后顺序并不冲突,可以不按照任何顺序进行解决,而在司法实践中由法院决定行政纠纷和民事纠纷的先后解决顺序。法院采取先行政再民事的解决顺序,极大可能性是民事诉讼需要以行政纠纷的裁决结果作为依据。如果在解决行政纠纷时,民事纠纷成了先决问题,法院则需要根据具体情况进行处理,按照先民后行的解决纠纷的顺序进行处理。对于此类民事和行政案件交叉的案件,"民事纠纷的结果"是适用于行政纠纷解决办法的重要证据。在这种民事和行政案件中,即使当事人先提起民事诉讼,也必须先解决有关行政争端。

法院在处理民事纠纷时,需要将行政主体作出的行政行为作为民事诉讼中的证据适用,对其依照证据的适用规则即按照证据的实质和形式的审查方式进行审查。然而在行政诉讼中人民法院只审查行政行为的合法性,在审查内容和审查的强度上还存在一定的差异。如果在民行交叉的诉讼中,人民法院通过审查发现行政行为不合法,但由于司法权与行政权是相互独立的,只有行政主体才能依法变更或者撤销其行政行为,在非因法定程序和法定事由变更或撤销前无论该行政行为是否合法,均应推定为合法有效的行政行为,而法院不能随意撤销或者确认行政行为无效,这样会造成司法机关干预行政机关,使行政机关的行政行为处于不稳定的状态,可能导致人民群众对行政机关不信任的不良后果。

(二)分别处理

分别处理也是法院解决民行交叉案件纠纷的主要方式,但解决这两种纠纷并不是法院审判的这类交叉案件的构成因素。采取分别处理的方式具有一定的针对性,满足一定的情况可以适用,对于这种分别审理独立判决的方式,两种方式法院均可以采取。一般来说,当事人根据其案件既涉及行政纠纷又涉及民事纠纷,可以分别提起民事与行政两个诉讼,并根据当事人诉讼请求,作出各自判决。然而在司法实践中，为了使法院的裁判一致，规避可能产生的审判结果矛盾冲突的问题，民事审判庭与行政审判庭也会在判决前互相沟通协商。

（三）同时处理

同时处理方式包括行政附带民事诉讼以及在民事诉讼中对行政行为的合法性进行审查。目前解决民行纠纷交叉案件效率较高的处理模式是行政诉讼中附带审理民事纠纷。这种处理方式是指在同一诉讼程序中，由于性质不同的纠纷之间存在一定的关联性，将不同性质的案件合并处理的方式。《行政诉讼法》（2017 修正）第 61 条是可以作为一并处理的法律依据的。某些情况下，当事人由于不服行政主体对于民商事纠纷的行政裁决而提起行政诉讼的，可以将行政诉讼中出现的民事纠纷归为一个类型，将此定义为行政诉讼附带审理民事纠纷案件。行政诉讼附带审理民事纠纷的特点有：以行政诉讼的先成立为前提；行政纠纷与民事纠纷相关联；在一审程序中当事人在行政诉讼尚未结束时提起了有关联的民事诉讼。另外，当事人只提起民事诉讼，并针对行政行为的合法性问题展开一并审查，民事诉讼中的证据是以行政纠纷的审查结果为依据，从证据审查角度收集到的证据也必须是合法的，如果证据收集不合法或者证据是非法手段取得的，可能会导致证据不能被使用。《最高人民法院关于适用〈中华人民共和国民事诉讼法〉的解释》（2022 修正）在规范层面规定了公文书的实质证明力推定规则。[①] 可以说，该规定成为民事诉讼中从证据角度审查行政行为的规范性依据。

① 参见《最高人民法院关于适用〈中华人民共和国民事诉讼法〉的解释》第 114 条：“国家机关或者其他依法具有社会管理职能的组织，在其职权范围内制作的文书所记载的事项推定为真实，但有相反证据足以推翻的除外。必要时，人民法院可以要求制作文书的机关或者组织对文书的真实性予以说明。”

二、从行政行为视角看民事诉讼与行政诉讼交叉案件的类型

民事法律行为的独立性与行政权介入的正当性之间的牵连关系，是现代法治社会中公法与私法间博弈的一种常态。民事法律关系的渊源随着经济社会的发展而发生着变化，行政权力不断渗透进社会经济生活的多数领域，使得行政法律规范也逐渐侵染上民事法律规范的性质。这些具有调整民事法律关系功能的行政法律法规主要是通过下述两种方式来调整的：直接的方式是以行政立法的形式直接调整诸如有关产权保护、交通事故民事赔偿等领域的民事法律关系；间接的方式是通过对从事民事法律行为的资格限制等以公法规范的形式间接地调整民事法律关系。[①] 如直接方式中的行政裁决权，这类行政法律法规规范的产生，使许多民事法律关系的发生、变更和消灭等事件均可以通过行政法律法规得以诠释。几种不同性质的法律关系融合在一起的情况越来越普遍，单纯的民事行为或者单纯的行政行为的领域不断缩小，由此产生的多元性争议也越来越多。[②]

（一）行政确认行为引发的民行交叉案件

行政确认是指“行政主体依法对行政相对人的法律地位、法律关系或者有关法律事实展开甄别，进行确认、认定、证明（或否定）并予以宣告的具体行政行为”[③]。这里的行政确认没有包括行政许可或是行政裁决等具体行政行为，而是一种狭义上的确认概念。需要注意的是，行政确认的行政行为来源于国家公权力的授权，尽管其不能创设行政相对人的实体权利和义务，但是其代表国家行使行政权力，并在社会生活中直接或间接地影响着行政相对人的权利与义务。此

---

① 参见李佳：《民行交叉案件诉讼处理机制研究》，湘潭大学 2011 年博士学位论文，第 21 页。

② 参见于立深：《行政规章的民事法源地位及问题》，载《当代法学》2005 年第 4 期。

③ 姜明安主编：《行政法与行政诉讼法》，高等教育出版社 1997 年版，第 182 页。

外,行政确认行为往往直接涉及行政相对人的身份权、财产权等方面的民事权利义务,而任何人非经法定程序不得改变行政确认对个人、组织的法律地位和权利义务给予的法律上的承认。因此,如果他人对行政确认提出异议,一般应首先审查相关的法律事实、法律关系是否存在、是否合法,才能判断行政确认行为是否正确、是否有效。[①] 基于这种本质,行政确认行为引发了许多民行交叉案件。由行政确认行为引起的民行交叉案件具有如下特点:[②]行政机关的行政确认行为所引发的行政相对人民事权利义务关系的变化,是民事诉讼案件争议的焦点问题,然而当民行交叉案件争议发生时,相关的法律规范则没有明确规定案件争议解决的依据和程序适用顺序问题。

在我国的司法实践中,由于行政确认而引起的民行交叉诉讼,其内容有:婚姻关系、身份关系、学历资格确认等;确认公民权利的归属,例如,确认商标的归属;[③]确认专利权的归属;确认作品的产权;民

① 参见王韶华:《民事诉讼制度和行政诉讼制度比较研究》,中国政法大学2004年博士学位论文,第141页。

② 参见陈坚:《行政、民事争议关联案件的审判实务》,载《人民司法》2005年第6期。

③ 司法实践中,地方法院对于商标近似的民事侵权认定与行政审查认定存在冲突时,一般先行中止审理民事侵权,等待行政程序作出终审裁决。在广州阿道夫个人护理用品有限公司诉广州×丝化妆品有限公司(生产商/销售商)和广州×盼生物科技有限公司(出品方)商标侵权案中,原告依据《商标法》第57条第2、3项,第60条,第63条,《民事诉讼法》及司法解释的若干规定请求被告停止侵权,并承担300万元的经济损失。白云法院一审作出侵权判决后,被告在上诉中主张,其在侵权产品使用商标图样与原告注册商标不构成近似,没有侵犯原告的注册商标专用权。被告恶意地利用商标行政审查周期过长、程序往复(期间可能经过驳回复审、不予注册申请、不予注册复审、无效宣告申请以及相对应的行政诉讼一、二审的行政确权程序)、形成循环诉讼的制度漏洞,企图以第27209312号商标驳回复审决定的个案认定来拖延民事侵权诉讼的进程,为其侵权产品的继续销售争取时间。最终,广州知识产权法院采纳了一、二审代理律师的法律意见,在被告提交的驳回复审决定认定结论与一审法院作出的侵权认定存在明显冲突的情况下,秉承最高人民法院关于"行民交叉"的司法政策精神,强化民事程序优先和决定地位,快速、公正地作出判决。该案例在现有判例中为我国商标侵权与行政确权"行民交叉案件"中明确民事程序优先的司法判例,充分诠释了最高人民法院关于"公正高效、避免循环诉讼,民事程序优先"的司法政策,对知识产权的审判实践具有典型的指导意义。

事法律责任的确认，如交通事故侵权案件中对侵权责任承担的认定，火灾事故中侵权责任承担的认定，其他伤害案件中人员伤亡事故原因和责任的确认等；对某些需要承担民事责任的法律事实的确认，如对伤残等级、医疗事故等级的鉴定等。湖南省高级人民法院某年度的案件抽样调查情况显示，由交通事故责任和有关伤亡事故责任的认定和土地、房屋等所有权、使用权的确认行为引发的民行交叉案件占该年度民行交叉案件总数的60%以上。例如，甲乙共同拥有一处房产，甲在未取得乙同意的情况下，将房产卖给丙，并到房产管理部门进行登记过户。在乙得知后，以合同无效为由，将甲、丙共同起诉至法院，将房产管理部门以登记过户此行政行为违法为由，诉至法院，从而出现了民事纠纷与行政纠纷的交叉。又如，在工伤认定案件中，甲作为临时工受雇于某企业，在工作期间受伤，于是向有关行政机关申请工伤认定，该行政机关作出工伤认定后，甲根据这一认定向法院提出赔偿，要求判令该企业承担民事赔偿责任。但该企业认为工伤认定与事实不符，拒绝赔偿，并提起行政诉讼，要求人民法院撤销行政机关作出的工伤认定。在上述案件中，行政确认行为涉及的利害关系人不仅一方，一旦行政机关的行政确认行为存在瑕疵，就极有可能导致因行政确认行为影响的利害关系方的合法权益受到侵害，从而引发争议，各方当事人为维护自己的权益，就可能分别提出行政诉讼和民事诉讼，民事争议与行政争议由此形成了交叉。

在其中，民行纠纷交叉案件类型的典型就是行政确认的范围中最重要的权属性确认引发的，典型的有不动产登记，明确企业产权等。在司法实践中，出现了三种不同的情况。

1. 一方认为登记的房地产存在权属上的问题，提出了一项以产权变更引起的，因登记行为无效或者应当予以撤销的行政诉讼。《行政诉讼法》（2017 修正）第 6 条规定："人民法院审理行政案件，对行政行为是否合法进行审查。”法院仅对行政机关的登记和签发证照行为的合法性进行审核,而对这相关的民事主体之间的纠纷并不进行裁决。由此导致了行政诉讼和民事诉讼的相互交错。

2. 无处分权人对他人的不动产进行处置(通常是以出售或设定抵押的方式),且已办理了登记,实际所有权人提出撤销,而第三人主张善意取得有关不动产权利。这类案例既牵涉到不动产的正当性,也牵涉到第三者能否善意地获得,从而造成了行政和民事的交汇。

3. 在民事析产确权案件中,一方当事人以不动产权证书为证据来说明权利归属,另一方对不动产权属质疑,请求法院予以撤销。在这种争议中,因对不动产的法定合法性存在争议,在民事诉讼过程中,法官通常会通知当事人,因为房地产的效力会对其产生一定的影响,所以中止该案件,并通知其进行有关的行政诉讼,解决产权证合法性问题,再进行民事纠纷的解决。

不动产登记中的民行交叉问题具有以下四个特征:一是二者都是基于相同的物权基础发生的利益之争;二是因同一物权而发生的三个利益相关者,即登记机关、产权证记载的权利人、实际民事权利人;三是它的权利起源于民法和行政法;四是在诉讼中,存在不同的法律事实、不同的法律关系。从民法来说,许多民事法律行为的设立或获得权利的合法要件是行政机构的注册或批准。① 例如,《城市房地产管理法》(2019 修正)第 36 条、②第 62 条第 1 款对房产转让抵押

---

① 参见高芳:《浅析房地产纠纷案件中的民行交叉问题》,载《黑龙江省政法管理干部学院学报》2010 年第 11 期。

② 《城市房地产管理法》(2019 修正)第 36 条:“房地产转让、抵押,当事人应当依照本法第五章的规定办理权属登记。”

的规定。[①]《民法典》第 209 条第 1 款对不动产物权的变更进行了明确的规定，[②]明确需进行公示，通过对不动产进行登记使其发生变化，建立了物权的法定登记公示制度。《民法典》第 222 条对不动产登记的当事人和登记机关的赔偿责任做了明确的规定。[③] 根据上述相关法律法规的规定，房屋买卖、房屋设定抵押都必须以不动产行政机关的登记确认为生效要件。因此，当双方因不动产买卖、抵押等产生纠纷时，虽然属于民事纠纷，但由于牵涉到行政权力的介入，致使纠纷更加复杂化。

例如大连市国土资源和房屋局高新园区分局与高某良登记上诉一案，便是典型案例。该案中，大连市国土资源和房屋局高新园区分局（以下简称市房屋分局）于 2013 年 8 月依上诉人（原审第三人）刘某的申请对其作出 × 号房屋所有权证登记（以下简称被诉房屋登记行为）。高某良（被上诉人，即原审原告）对该房屋登记行为不服，向大连市甘井子区人民法院（以下简称一审法院）提起行政诉讼。一审法院认为，虽然房屋分局有权作出被诉的具体行政行为，但程序违反了法律法规的规定，依照当时有效的 1989 年《行政诉讼法》（已失效）第 54 条第 2 项的规定，[④]撤销房屋分局做出的房屋权属转移登记，房屋分局应对房屋登记申请依法重新作出。房屋分局不服一审

---

① 《城市房地产管理法》（2019 修正）第 62 条第 1 款："房地产抵押时，应当向县级以上地方人民政府规定的部门办理抵押登记"。

② 《民法典》第 209 条第 1 款："不动产物权的设立、变更、转让和消灭，经依法登记，发生效力；未经登记，不发生效力，但法律另有规定的除外。"

③ 《民法典》第 222 条："当事人提供虚假材料申请登记，造成他人损害的，应当承担赔偿责任。因登记错误，造成他人损害的，登记机构应当承担赔偿责任。登记机构赔偿后，可以向造成登记错误的人追偿。"

④ 《行政诉讼法》（1989 年颁布）第 54 条第 2 项："具体行政行为有下列情形之一的，判决撤销或者部分撤销，并可以判决被告重新作出具体行政行为：1. 主要证据不足的；2. 适用法律、法规错误的；3. 违反法定程序的；4. 超越职权的；5. 滥用职权的。"

判决提起上诉。二审法院认为,依据《最高人民法院关于审理房屋登记案件若干问题的规定》(法释〔2010〕15 号)第 8 条的规定,[①]该案涉及房屋登记的基本行为由继承民事法律关系而引起,而双方当事人对涉案房屋的继承及涉及的遗嘱效力均存在民事争议,应当先行解决民事争议,本案应当裁定中止诉讼。原审法院对该案的中止不符合法律规定,而且有可能影响到案件的正确判决,应当将其发回重审。

这种因不动产登记而产生的民行交叉案件,应以不动产行政机关的登记确认为生效要件。在买卖双方因不动产买卖、抵押不动产等产生纠纷时,虽然属于民事纠纷,但由于行政权力的介入,致使纠纷更加复杂化。实践中,我国对登记行为主要采取形式审查的方式,因为权限职责所在,登记机构也仅能进行形式审查,若是越权审查,则混淆了行政权与司法权的权力界限,不利于行政机关和司法机关权力分离,极易导致滥权。因此,登记机关对申请人提交的申请材料只需尽到一般的注意义务,而无须对房屋产权背后的法律关系进行审查。

另外,在我国《民法典》物权编中对不动产物权登记机关的具体职责做出了明确规定:第一,对申请人提供的证明材料进行仔细查验;第二,向申请人咨询具体的登记事项;第三,对申请人登记事项进行真实有效的登记;第四,履行国家法律法规规定的其他责任。如果对于申请人申请的不动产登记需要其提供其他证明,登记机关有权

---

① 《最高人民法院关于审理房屋登记案件若干问题的规定》(法释〔2010〕15 号)第 8 条:“当事人以作为房屋登记行为基础的买卖、共有、赠与、抵押、婚姻、继承等民事法律关系无效或者应当撤销为由,对房屋登记行为提起行政诉讼的,人民法院应当告知当事人先行解决民事争议,民事争议处理期间不计算在行政诉讼起诉期限内;已经受理的,裁定中止诉讼。”

要求申请人补充相应的资料,在特殊情况下可以进行实地查验。从这一点可知,只要履行法定职责就视为登记机关已经尽到了审慎审查的义务。在依法律行为(遗嘱除外)发生的物权变动中,不动产登记决定物权变动是否生效。《民法典》第209条第1款对物权变更登记的效力作出规定。[①] 不动产物权的设立、变更、转让、消灭,都要依法进行登记,只有在登记之后,才能产生法律效果。未经注册的,不发生法律上的影响。不动产登记的可信性包含两个方面的内容:第一,登记的权利推定效力。也就是说,合法登记的不动产物权人,即便其并不属于实际所有权人,也可视为其实际所有权人。该登记效力主要表现在当事人在实际诉讼中使用不动产登记册或不动产权属证书来证明其拥有产权。第二,对于信赖登记效力而进行交易的民事主体,即便事后这一权属登记被证实是错误的,法律也承认其与拥有真实物权同样的法律效果。《民法典》第311条对善意取得做了明确的规定,[②]而登记的结果就是对其进行公示。第三人善意取得不动产时,也有可能牵涉到行政争议。

通过以上分析可见,在不动产登记过程中,一般会牵扯到三种法律关系:登记机关和登记申请者、登记机关和登记异议主体、真实权利人和第三人。在我国的司法实务中,多数案件的案情较为复杂,既有行政纠纷,也有民事纠纷,甚至于刑事犯罪,呈现民事、行政乃至刑

① 《民法典》第209条第1款:"不动产物权的设立、变更、转让和消灭,经依法登记,发生效力;未经登记,不发生效力,但是法律另有规定的除外。"

② 《民法典》第311条:"无处分权人将不动产或者动产转让给受让人的,所有权人有权追回;除法律另有规定外,符合下列情形的,受让人取得该不动产或者动产的所有权:(一)受让人受让该不动产或者动产时是善意;(二)以合理的价格转让;(三)转让的不动产或者动产依照法律规定应当登记的已经登记,不需要登记的已经交付给受让人。受让人依据前款规定取得不动产或者动产的所有权的,原所有权人有权向无处分权人请求损害赔偿。当事人善意取得其他物权的,参照适用前两款规定。"

事相混同的状况。如无权处分人以虚假资料假冒权利人,以其名义将不动产转让予第三人,而真正的权利人请求撤销不动产的,在登记案例中也有关于第三人是否构成善意取得、无权处分人的诈骗犯罪等民事、刑事问题。

司法实践中,大部分涉及不动产登记的案件,当事人实际上主要对所登记涉及的民事法律关系(如买卖合同、不动产权属等)有争议,由于不动产物权被登记行为所承认并根据登记而发生效力,从而使登记活动陷入了民事和行政的纠缠之中。在某些情况下,人们认为不动产登记作为一种法律制度,即由国家机关进行的一项行政确认,它是由行政机关对权属进行最后的、切实的确认和认可。若未将该不动产的注册和相关的产权证明予以撤销,则证明该房产所记录的产权情况是真实的。在不动产的所有权转移过程中,登记是确定和完成所有权转移的最后一步,所以取消或更改对不动产所有权的登记确认,是改变不动产权属最直接有效的方法。当然,相对于普通的民事诉讼来说,行政案件的成本相对较低,这也是当事人选择的主要理由。另外,司法权力出于对行政权力的维护,在行政行为被依法撤销或者被裁定为非法前,法院通常会认为该房产的所有权是合法的,并且证明的效力更高。所以,在实际操作过程中,某些法官一碰到不动产权属纠纷,就会以行政权的公定性为理由,要求当事人先行提出行政诉讼,暂停本案审理,等待对行政行为合法性的裁决作出后再审理该民事案件。由于对不动产的属性以及它在产权变化中所扮演的角色的误解,许多本来可以单纯地以民事方式处理的案例,当事人常常再次进行行政诉讼,使民事纠纷和行政纠纷交织在一处,从而使法院的资源受到极大的消耗。

(二)行政裁决行为引发的民行交叉案件

行政裁决有广义和狭义两种,广义上的行政裁决包含了行政机关对民事纠纷的裁决和行政复议，狭义的行政裁决是指根据法律规定的权限对当事人的具体民事纠纷进行仲裁的行政行为。目前，我国的行政裁决主要有：对产权纠纷的认定、赔偿或赔偿的争议、侵权纠纷的裁决。行政裁决案件的特点在于：一方面，行政裁决权的行使主体和行使范围必须按照法律规定进行，受到严格限制，并不是所有的行政机关都有权行使，也不是所有的案件都可以使用行政裁决；另一方面，与其他行政行为相比，行政裁决又被称为准司法行为，这就要求行政机关在行使行政裁决权时必须符合更严格的标准，做到公正、客观地审查证据，做到以事实为依据，严格依照法律规定的程序进行。[①] 行政裁决行为的对象是特定的民商事纠纷，是平等主体之间的当事人发生的与行政管理执行活动密切相关的民事性争议，因此民事纠纷成为行政裁决的前提。而且，在国家和社会生活中有些民事争议往往与行政管理事项相关，处于行政管理的范围之内，为了更好地实现有效就地化解纠纷，法律法规将这些民事纠纷授权行政主体对此进行行政裁决。因为此种行政行为并非行政机关的主要工作，行政裁决的主体也就散落在各种行政法律法规或者规章之中，没有统一的文件。

20 世纪 90 年代以前，由于我国对行政仲裁及行政裁决的界定不清晰，很多法律、法规规定了行政机关对于民事纠纷居中裁判，分别被认为属于行政仲裁或行政裁决。随着我国行政体制的改革，很多由行政机关居中裁判的规定纷纷被取消，适用行政裁决的领域范围在减少，许多法律在制定或修订的过程中不再规定行政裁决，已设定的行政裁决纷纷被废止，新的法律更倾向规定调解或仲裁。如前所

① 参见罗豪才主编：《行政法学》(2005 年版)，北京大学出版社 2006 年版，第 264 页。

述，行政裁决是依据当事人的申请，针对特定民事纠纷做出裁断的行为，行政裁决具有主体上的行政性、身份上的中间性、对象上的民事性等特征。基于上述特点，我国现行关于行政裁决的立法多侧重于对权属纠纷的裁决、侵权纠纷的裁决以及损害赔偿纠纷的裁决。① 例如，《森林法》（2019 修正）第 22 条规定了各级人民政府对于林木林地所有权和使用权争议的处理，②《商标法》（2019 修正）第 2 条中规定了商标评审委员会对商标争议的处理，③《土地管理法》（2019 修正）第 14 条规定了人民政府土地所有权和使用权的争议的处理，④以及《专利法》（2020 修正）第 62 条规定的国务院专利行政部门对专利实施强制许可使用费争议的裁决等，⑤都是典型的行政裁决行为。⑥可见，目前我国关于行政裁决的规定散见于法律、部门法和部门规章当中，并没有形成完整统一的制度体系。

---

① 参见马怀德主编：《行政法前沿问题研究：中国特色社会主义法治政府论要》，中国政法大学出版社 2018 年版，第 35 页。

② 《森林法》（2019 修正）第 22 条：“单位之间发生的林木、林地所有权和使用权争议，由县级以上人民政府依法处理。个人之间、个人与单位之间发生的林木所有权和林地使用权争议，由乡镇人民政府或者县级以上人民政府依法处理……”

③ 《商标法》（2019 修正）第 2 条：“国务院工商行政管理部门商标局主管全国商标注册和管理的工作。国务院工商行政管理部门设立商标评审委员会，负责处理商标争议事宜。”

④ 《土地管理法》（2019 修正）第 14 条：“土地所有权和使用权争议，由当事人协商解决；协商不成的，由人民政府处理。单位之间的争议，由县级以上人民政府处理；个人之间、个人与单位之间的争议，由乡级人民政府或者县级以上人民政府处理……”

⑤ 《专利法》（2020 修正）第 62 条：“取得实施强制许可的单位或者个人应当付给专利权人合理的使用费，或者依照中华人民共和国参加的有关国际条约的规定处理使用费问题。付给使用费的，其数额由双方协商；双方不能达成协议的，由国务院专利行政部门裁决。”

⑥ 我国现行法中关于行政裁决的规定只是散见于一些单行的有关国家行政管理法律法规之中，除上述立法规定外，如《海洋环境保护法》《水污染防治法》等一系列法律中也有行政裁决的相关规定。在现有的法律规定中可以引发民行交叉的行政裁决主要是环境保护部门作出的行政处罚附带环境赔偿裁决等。

从现实的角度来看,我国的行政裁决执行过程中出现了若干问题。虽然相关法律法规对行政裁决作出了明确的规定,但行政裁决是行政机关的行政行为,而对行政裁决不服可以提出行政复议,对此,我国法律法规的规定不够完备,往往会出现循环的情况。另外,因对行政裁决不满意而提出的诉讼属于行政诉讼,这就使行政机构存在作为被告的风险。因此,行政机构为规避法律的后果,往往会采用和解的办法,而非采用仲裁手段,导致许多原本可以由行政裁决处理的民事争议,最终都会被推上法庭。针对行政裁决的这些特点,行政裁决行为中也经常会发生民行纠纷交叉案件。行政相对人如果不服行政主体的行政裁决行为,则可以按照《行政复议法》和《行政诉讼法》的相关规定,提起行政复议或者是行政诉讼。而利害关系人对作为行政裁决对象的民事纠纷享有提起民事诉讼的权利,这就产生了行政诉讼与民事诉讼的交叉,增大了纠纷解决的难度。

从司法实践来看,引起民事纠纷与行政纠纷交叉案件的行政裁决行为主要包括:一是对权属纠纷的裁决,即行政相对人因所有权或者使用权的归属发生争议时,请求行政主体予以确认。多为自然资源权属争议,例如《土地管理法》中的相关确权规定。[①] 二是对侵权纠纷的裁决,一方当事人的合法权益受到另一方的侵害时,受侵害一方可以请求有权的行政主体予以裁决。其在内容上包括确认侵权行为、侵权事实和确认赔偿责任、赔偿金额,从而制止侵权行为,保护自己的合法权益。此类裁决广泛存在于知识产权保护、治安管理、产品

---

① 《土地管理法》(2019 修正)第 14 条:“土地所有权和使用权争议,由当事人协商解决;协商不成的,由人民政府处理。单位之间的争议,由县级以上人民政府处理;个人之间、个人与单位之间的争议,由乡级人民政府或者县级以上人民政府处理。当事人对有关人民政府的处理决定不服的,可以自接到处理决定通知之日起三十日内,向人民法院起诉。在土地所有权和使用权争议解决前,任何一方不得改变土地利用现状”。

质量、食品卫生管理、药品管理、医疗卫生管理和环境保护等领域，如《商标法》第60条就有关于这方面的规定。[①] 三是对补偿类纠纷的行政裁决，主要涉及房屋拆迁、土地征收等领域。例如，某市行政机关颁布了关于拆迁某区房屋有关问题的规定，并与某房地产开发企业签订合同，约定由该企业负责项目开发建设。房地产开发企业分别与该地区居民就拆迁补偿的问题进行协商，并签订补偿协议。但有部分居民因在此地有商业铺面，在商谈补偿数额时与房地产公司由于分歧较大，无法达成一致协议。房地产开发公司遂与有异议的部分居民向房屋拆迁主管行政部门申请行政裁决。[②]

(三)行政许可行为引发的民行交叉案件

行政许可一般指，在法律规定禁止某种行为实施的情况下，相对人通过申请的方式，由行政主体颁发相关证照来赋予该相对人实施某种行为的资格(权利)。[③] 行政许可是一种以资源优化配置为目的，具有强制性的行政管理活动，在以下几个方面发挥积极的作用：保护行政相对人的合法权益；调整行政机关与相对人之间的关系；协调行政权行使过程中产生的各种争议或者纠纷；确保行政机关依法

① 《商标法》(2019修正)第60条：“有本法第五十七条所列侵犯注册商标专用权行为之一，引起纠纷的，由当事人协商解决；不愿协商或者协商不成的，商标注册人或者利害关系人可以向人民法院起诉，也可以请求工商行政管理部门处理。工商行政管理部门处理时，认定侵权行为成立的，责令立即停止侵权行为，没收、销毁侵权商品和主要用于制造侵权商品、伪造注册商标标识的工具，违法经营额五万元以上的，可以处违法经营额五倍以下的罚款，没有违法经营额或者违法经营额不足五万元的，可以处二十五万元以下的罚款。对五年内实施两次以上商标侵权行为或者有其他严重情节的，应当从重处罚。销售不知道是侵犯注册商标专用权的商品，能证明该商品是自己合法取得并说明提供者的，由工商行政管理部门责令停止销售。对侵犯商标专用权的赔偿数额的争议，当事人可以请求进行处理的工商行政管理部门调解，也可以依照《中华人民共和国民事诉讼法》向人民法院起诉。经工商行政管理部门调解，当事人未达成协议或者调解书生效后不履行的，当事人可以依照《中华人民共和国民事诉讼法》向人民法院起诉。”

② 参见罗豪才主编：《行政法学》(2005年版)，北京大学出版社2006年版，第264页。

③ 参见姜明安主编：《行政法与行政诉讼法》，北京大学出版社1999年版，第152页。

行政。行政许可还能够发挥环保作用，保护自然资源，维护生态平衡，也是国家调控经济、促进文化事业建设的重要手段。[①] 值得注意的是，我国《行政许可法》（2019 修正）第 2 条明确规定了行政许可的概念，[②]第 12 条明确列举了行政许可的具体内容。[③] 将那些"直接涉及国家安全、公共利益、经济发展、环境保护以及直接影响民众人身和财产安全等特定活动"列为许可项目。法律同时也将一些有关标准性确认作为行政许可中的核准范围，也就是由行政机关判断、审核、认定某些事项是否达到特定技术标准，是否符合技术规范。常见的如消防验收、牲畜检疫、竣工验收等。某些有关资格、能力的确认也属于行政许可的范围，即由行政机关对申请人是否具备特定技能作出判断，如律师、医师、会计师的资格认定。[④]

这些行政许可事项关系到民事主体是否具有某种行为资格，不仅涉及被许可人的利益，同时还会影响相关第三人的权益，如法人设立登记、注销登记，如果这些涉及的具体行政行为出现问题就会出现民事争议与行政纠纷的交叉。行政争议的结果会因而直接影响到民

---

① 参见张正钊、韩大元主编：《比较行政法》，中国人民大学出版社 1998 年版，第 434 ~ 435 页。

② 《行政许可法》（2019 修正）第 2 条："本法所称行政许可，是指行政机关根据公民、法人或者其他组织的申请，经依法审查，准予其从事特定活动的行为。"

③ 《行政许可法》（2019 修正）第 12 条："下列事项可以设定行政许可：（一）直接涉及国家安全、公共安全、经济宏观调控、生态环境保护以及直接关系人身健康、生命财产安全等特定活动，需要按照法定条件予以批准的事项；（二）有限自然资源开发利用、公共资源配置以及直接关系公共利益的特定行业的市场准入等，需要赋予特定权利的事项；（三）提供公众服务并且直接关系公共利益的职业、行业，需要确定具备特殊信誉、特殊条件或者特殊技能等资格、资质的事项；（四）直接关系公共安全、人身健康、生命财产安全的重要设备、设施、产品、物品，需要按照技术标准、技术规范，通过检验、检测、检疫等方式进行审定的事项；（五）企业或者其他组织的设立等，需要确定主体资格的事项；（六）法律、行政法规规定可以设定行政许可的其他事项。"

④ 参见王韶华：《民事诉讼制度和行政诉讼制度比较研究》，中国政法大学 2004 年博士学位论文，第 140 页。

事纠纷的解决。以建筑许可为例,开发商取得城市规划部门的建设工程规划许可后,在施工中相邻建筑物的业主们认为该房屋的建设会侵害自己的采光权,于是向人民法院提起民事诉讼要求开发商停止开发,而开发商以已经取得建设规划许可作为抗辩理由。因此如果行政许可引发了民事争议,一般首先应审查行政许可是否合法,在此基础上解决相关民事争议。

实践中,法院在审理这类纠纷时要解决的问题包括:一是当事人的侵权行为成立与否。二是侵权行为发生时,被告人如何承担侵权责任。在判断侵权行为成立与否问题时,对产生这一民事纠纷的行政许可行为的合法性是否需要进行审查是争议的焦点问题。判断行政许可合法性的条件与侵权责任的构成要件有着显著的区别,行政许可行为并不能阻碍私法当事人主张民事权利。具体理由如下:一是行政许可行为属于公法行为,与属于私法范围的侵权责任承担着明显不同的制度功能。前者侧重于强调一般性吓阻,而后者旨在通过“经济诱因”迫使行为人进行考量,以此来避免损害的发生。由于控制的方式和结果都是不同的,两者不能相互替代。二是公法规范不足以对私法当事人的权益提供充分的实体和程序保障。如果依照《城乡规划法》(2019 修正)第 40 条规定,①申请领取建设工程规划许可证时,应提交用地相关证明文件和建设工程设计方案。需建设单

---

① 《城乡规划法》(2019 修正)第40 条:“在城市、镇规划区内进行建筑物、构筑物、道路、管线和其他工程建设的,建设单位或者个人应当向城市、县人民政府城乡规划主管部门或者省、自治区、直辖市人民政府确定的镇人民政府申请办理建设工程规划许可证。申请办理建设工程规划许可证,应当提交使用土地的有关证明文件、建设工程设计方案等材料。需要建设单位编制修建性详细规划的建设项目,还应当提交修建性详细规划。对符合控制性详细规划和规划条件的,由城市、县人民政府城乡规划主管部门或者省、自治区、直辖市人民政府确定的镇人民政府核发建设工程规划许可证。城市、县人民政府城乡规划主管部门或者省、自治区、直辖市人民政府确定的镇人民政府应当依法将经审定的修建性详细规划、建设工程设计方案的总平面图予以公布。”

位进行修建性详细规划建设的项目也应报送修建性详细规划。要求提交的上述资料并不包括与利害关系人有关的内容。虽然《行政许可法》对许可审批中利害关系人介入作出了规定,但许可行为往往是在实际建设活动前进行的,利害关系人一般很难了解自己的权益是否受影响以及受影响的程度,而该规定是"行政机关告知后介入",行政机关通知与否,怎么告知以及告知的内容均会对利害关系人的范围产生影响,因此该规定对私法中当事人权益保护效果不大。《最高人民法院公报》上刊登的"念泗三村28栋楼房住户35人状告扬州市规划局行政许可行为侵权案"就证明了这点。再者,若笼统地认定行政许可将对第三人私法请求权产生影响,则可能产生违宪之虑。由于在法律上明确规定行政机关授权可排除第三人行使特定民事请求权的情况下,法律都有对其进行补偿的配套规定,现在若我们缺乏明确法律依据,仍确定其请求权受影响,意味着其请求权受到损害但未获得相应补偿。

行政许可的合法性问题对侵权责任划分与承担有着重要作用。在确实存在侵权行为的情况下,涉及被侵权人如何承担侵权责任的问题时,对于产生这一侵权行为的行政许可的合法性问题通常都会被要求审查。实践中,由于有些当事人的诉讼请求仅涉及相关行为的损害赔偿,并未提及相关行政行为合法性审查的问题,法院直接根据与侵权责任相关的法律来进行审理,不必审查行政许可的合法性。但有时当事人会主张排除妨害,法院此时就有必要先对行政许可合法性做出判断。理由是,法院有必要权衡撤销许可所带来的收益和维护许可所导致的当事人损失。这种情况下,法院的处理一般是通知原告先就民事案件中涉及的行政许可行为的合法性问题提起行政诉讼,并在行政案件对许可行为的合法性给出结论之后再开始民事诉讼。若原告出于自身各种原因未能及时提起行政诉讼,法院一般会基于行政行为具有公定力,而直接认定行政行为合法,此时相关民事案件的一般结果是不支持原告的诉讼主张。

法院对行政许可的合法性进行审查的时候需要考虑多重因素。既要从法律规范的角度进行审查,也就是需要依据法律规范从实体内容和行政程序等角度判断所涉行政行为是否合法。也需要跳出具体的法律规定,从法安定性和信赖保护等法律原则出发,审慎考虑涉诉行政行为的效力,判断是否需要被撤销。当行政案件作出裁判时,审理相关联民事案件的法官可以依据对合法性问题作出判断的行政判决来判断是否认可民事诉讼当事人提出的诉讼请求。行政许可合法性和有效性的判断直接关系着行政许可的存续力,更关系着当事人的民事诉讼请求能否达成。从诉讼效率角度出发,应当对两种具有强关联性的争议同时处理,这样可以减少程序流转带来的时间成本,也可以节约法官的人力成本。此外,有些情况下法院从社会整体利益角度出发,可能不得不让某些妨害得以产生和继续存在,但在此基础上需要对妨害作出赔偿。

由行政许可引发的民行交叉案件的主要特征是:行政许可是引起民行交叉案件产生的主要原因,解决民事争议也意味着解决了行政争议。①

(四)行政处罚行为引发的民行交叉案件

行政处罚是行政主体对行政违法相对人实施的行政制裁,由于其行为效力后果往往直接涉及民事领域,因而不可避免地会与民事争议产生交叉。② 并且依据法律法规的授权,行政机关作出行政处罚的同时可以责令行政相对人对受他影响的利益受损方进行赔偿。由

① 参见周卫平、江必新等:《行政争讼制度概论》,宁夏人民出版社 1988 年版,第 16 页。

② 参见张晓茹:《多种法律关系引起的纠纷与诉讼程序的适用》,载《河南省政法管理干部学院学报》2002 年第 3 期。

行政处罚行为引发的民行交叉案件主要可以被划分为三种类型：行政处罚行为是否合法而对民事行为效力产生的影响；以行政处罚所认定的事实为依据而引发的侵权损害赔偿纠纷，主要表现为被处罚人不服该处罚而提起行政诉讼，但被侵权人对该处罚引起的民事赔偿提出自己的诉讼赔偿请求而参与到案件中来；当事人要求撤销或变更处罚决定，并附带就民事赔偿问题要求一并作出裁决，多表现为当事人对行政处罚不服提起行政诉讼，同时针对处罚中涉及未解决的民事赔偿问题或针对原赔偿内容及结果不满的内容一并提出，请求人民法院一并审理。

民事、行政交叉案件中，与刑事附带民事案件最相似的是民事争议、行政处罚相关案件。区分开刑事诉讼被告人与行政处罚被处罚人的关键是弄清两者违法程度。违法者未必能犯罪，对较重触犯刑事法律之不法行为，由法院定罪量刑、予以重罚，对稍轻微之不法行为则由行政机关惩处。行政处罚就是行政机关对于实施轻微违法行为但不构成犯罪行为人作出的给予某种惩罚的特定行政行为。一般而言，违法行为人除了承担行政责任，还可能会承担部分民事赔偿责任。例如，食品药品监察部门依法对销售变质食物致消费者食物中毒的餐饮企业作出罚款处罚，餐饮企业对该行政处罚不服而诉至法院进行行政诉讼，同时，食物中毒的消费者也诉至法院要求赔偿损失。实践中，对这类案件并非全部采取附带民事诉讼。遗憾的是，2017 年修正的《行政诉讼法》亦未对其进行附带民事诉讼予以明确规定，使此类案件的处理方式依旧缺乏具体可操作的指引。

最高人民法院(2018)最高法民申 3887 号姚某萍、大华会计师事务所有限公司证券虚假陈述责任纠纷再审案是民行交叉案件中涉及行政处罚行为的典型案例。本案系姚某萍以大华公司、芭田公司存在虚假陈述行为导致其权益受损为由提起的民事赔偿诉讼，涉及《证券市场虚假陈述民事赔偿若干规定》和《会计师事务所审计业务侵权若干规定》的适用问题。根据《最高人民法院关于审理证券市场因虚假陈述引发的民事赔偿案件的若干规定》(法释〔2003〕2 号)(已失效)第 6 条的规定可以看出,[①]原告因被告虚假陈述而向人民法院起诉时,要求被告赔偿损失,应提交相关行政处罚决定或法院刑事裁判文书。与之相适应,相关行政处罚决定或法院刑事裁判文书还能够证明证券虚假陈述事实是否存在,这是原告进行证券虚假陈述民事赔偿诉讼请求且被人民法院接受的先决条件。对不具备上述条件者,法院应予以驳回。该案中,原告姚某萍提起诉讼时,未向有关机关提出行政处罚决定或法院刑事裁判文书,以证明大华公司和芭田公司有虚假陈述,二审法院判决驳回姚某萍起诉。

此类交叉案件的特点在于:[②]民事案件最终的处理结果一般需要以行政案件的裁判结果为前提。一般而言,民事争议的原被告双方根据行政争议的裁判结果就可以对民事案件的处理结果作出预判。此类民行交叉案件中的原告与被告的诉讼目的并不是单纯解决行政争议或者是民事纠纷,而是同时要求两个相关联的纠纷都能够得到妥善的处理结果。对此类交叉案件,目前司法实践中通常采用附带处理和并行解决相结合的办法。

限于篇幅再加上司法实践中案件复杂多样,无法一一罗列民行

---

① 《最高人民法院关于审理证券市场因虚假陈述引发的民事赔偿案件的若干规定》(法释〔2003〕2 号)第 6 条:“投资人以自己受到虚假陈述侵害为由,依据有关机关的行政处罚决定或者人民法院的刑事裁判文书,对虚假陈述行为人提起的民事赔偿诉讼,符合民事诉讼法第一百零八条规定的,人民法院应当受理。投资人提起虚假陈述证券民事赔偿诉讼,除提交行政处罚决定或者公告,或者人民法院的刑事裁判文书以外,还须提交以下证据:(一)自然人、法人或者其他组织的身份证明文件,不能提供原件的,应当提交经公证证明的复印件;(二)进行交易的凭证等投资损失证据材料。”

② 参见江勇、管征:《行政审判实务问题研究》,中国法制出版社 2009 年版,第 265 页。

交叉案件种类,除了以上较为常见,与行政相对人发生关联最多的几类具体行政行为之外,行政给付、行政救助这两类具体行政行为也是产生民行交叉案件的因素。从行政纠纷的角度分析,法院审理的民行交叉案件中,因上述几类具体行政行为引起的案件占比很大,具体而言,主要集中在房屋归属纠纷、侵权损害赔偿纠纷、工伤赔偿争议、知识产权权属纠纷等几类案件中。

三、从诉讼司法实践视角看民事诉讼与行政诉讼交叉案件的类型

通常民事诉讼与行政诉讼是彼此独立而又互不干扰的,他们分别基于不同的诉讼规则来解决本质上截然不同的争议。但是司法审判实践中也出现了许多民事争议和行政争议交叉影响的案例。在法院审理民行交叉案件中,按照民事争议与行政争议两者的关系可以将民行交叉案件分为三类:一是以民事争议为主、涉及行政争议的案件;二是以行政争议为主,涉及民事纠纷的案件;三是民事纠纷与行政争议并重,裁判结果互不影响的案件。[①] 下面从三类案件的诉讼目的、性质、特点分别分析,也许可以为帮助法院和当事人提高诉讼效率、节约诉讼成本提供方向。

(一)以民事争议为主,行政争议作为附属问题的案件

以民事争议为主要内容,行政争议为附属问题的情形,一般发生于民事诉讼期间,当事人一方因对方当事人提出抗辩的证据是经由行政机关做出的具体行政行为产生的,对这一具体行政行为的合法性问题提出质疑。该民事案件的处理结果取决于这一受到质疑的具体行政行为是否合法。换言之,处理民事争议的前提条件是该具体行政行为是否合法。具体而言,此类案件根据讼争内容不同可以分

---

① 参见杨建顺:《行政、民事争议交叉案件审理机制的困境与对策》,载《法律适用》2009 年第 5 期。

为以下几种类型。

1. 与工商登记相关联的民行交叉案件。在民事法律规范中明确规定,行政确认是法人和非法人组织成立的必备要件,行政机关因此而形成的行政行为,具体包括了民事主体的成立、变更或撤销。当民事纠纷发生时,若一方或者双方当事人对行政机关的具体行政行为有争议,便产生了民事纠纷和行政纠纷相互交叉的情形。而民商事纠纷则是这类民行交叉案件的典型,特别是法院会对工商登记不符合实情的情况进行合法性审查。

2. 合同关系和行政登记造成的民行交叉案件。一些行政行为是否合法的前提是合同关系是否成立,其中最为普遍的就是行政登记机关在为民事主体办理土地使用权或者房屋所有权登记时,要检验民事主体双方的土地使用权出让合同或房屋买卖合同。因此当民事主体之间因合同关系引起民事争议时,便会介入一定的行政争议问题,而这便导致了民行交叉案件的产生。此类交叉案件中比较普遍的是房屋买卖合同纠纷,即关于买卖房屋或其他不动产的合同订立之后,因一房多卖、无处分权人对财产的处分、共有人擅自处分财产发生合同履行纠纷。

3. 房屋产权权属登记引发的民行交叉案件。这种民行交叉案件多发生于财产继承纠纷、家庭婚姻财产纠纷、征地补偿纠纷,以及其他因不动产产权争议而引起的民事纠纷,如房产的产权登记、变更、不予登记或是注销等其他涉及登记管理的行政行为。

4. 民事侵权与行政争议引发的民行交叉案件。在实践中,原告以被告侵犯不动产所有权为由诉至法院,这一纠纷属于民事诉讼的范围。但是,该民事案件审理期间被告以房屋所有权证书提出抗辩,主张自己为房屋合法所有人。在这种案件中,民事案件的处理结果需要建立在房屋所有权证合法有效的基础之上,而对方当事人必然会对房屋登记行为合法性提出起诉。因此,不可避免地会出现民事案件与行政案件相互交叉的现象。另外,相邻关系侵权案件则往往和行政机关的许可或登记相关联。由于相邻关系而产生的民事争议往往同时涉及民事纠纷和行政争议。

此类案件可以大致分为两种情况:一种情形是,对具体行政行为的合法性产生争议。此时,法院需要先判断该行政行为的合法性,才能根据这一结果解决民事争议。在此类案件中,行政行为的裁判结果是法官进行民事案件裁判的前提。“行政争议的裁判结果成为相关联民事案件的裁判依据,不审查行政行为的合法性,相关联的民事案件就得不到解决。一般而言,即使当事人单独提起民事诉讼,也只能在行政诉讼做出裁判结果之后,且行政诉讼案件的裁判结果直接影响民事案件的结果。”在实践中,常见的情形是,原告主张损害赔偿等诉讼请求,而另一方当事人以自己的行为不构成侵权为由进行抗辩,理由是,经过行政机关的认定或授权。此时,相关联的行政行为,通常是许可、登记,是否合法就成为民事案件的决定性前提。但一般认为,在民事诉讼过程中,民事审判组织没有审查行政行为的权力,因为行政案件需要由行政审判庭处理。但如果在不对行政行为是否合法作出判断的情况下,先处理民事案件,并从尊重行政权的角度出发,依据具体行政行为对民事案件予以裁判,一旦后续在相关联的行政诉讼中,行政机关的行政行为被判定为不合法,就会出现民事判决和行政判决相互矛盾的情形。这可能会导致民事案件的再审,浪费当事人的时间精力,更必然会损害法院的公信力。因此,如果想妥善解决此类案件,法院必须先解决行政行为合法性问题,才能解决民事争议。另一种情形是,民事案件的当事人将行政机关作出的具体行政行为作为证据使用,这时人民法院就需要根据证据的一般规则判断具体行政行为的合法性。主要表现为,一方当事人向法庭提供行政机关权属证明等具体行政行为作为证据以获得法院的支持，而另一方当事人则以该具体行政行为不合法为由提出相关证据进行抗辩，这就引发了对相关联的具体行政行为的审查。

通过对此类案件进行分类总结，可发现其体现的主要特点有：一是本质上属民事案件，争议因双方当事人的民事法律行为而起，行政行为的合法性问题不是引发民事争议的直接原因。行政行为只是一个前因性问题，不是主要问题，只不过由于有行政行为的介入，案件涉及的法律关系增多、案件处理起来复杂；二是在审理上，民事争议的裁判取决于对行政行为是否有正当的评判，而行政争议解决则是民事争议处理的先决条件；三是当事人在诉讼中并没有对行政行为的合法性问题提出诉讼，仅是在诉讼过程中一方当事人将行政行为合法性问题作为支撑其观点的依据，在该案件中行政行为并非案件的诉讼标的，但是争议的结果却会直接对民事案件的结果产生影响。四是当事人提起诉讼的主要目的是解决民事争议，“行政诉讼是为民事诉讼服务的，行政案件的裁判结果对民事案件的解决具有直接的关系”①，当事人诉讼的目的是维护自己的民事合法权益，诉讼请求中并不要求法院一并解决行政行为合法性问题。

（二）以行政争议为主，民事争议作为附带问题的案件

行政诉讼中较为常见的便是以行政争议为主的附带民事争议的案件，也就是行政相对人因其对行政机关的行政行为不满意或是有存疑，便提起相关的行政诉讼，同时也请求法院一并审理相关联的民事争议。此类案件主要表现为以下两种类型。

1. 行政确认行为与民事纠纷交叉的案件。行政确认主要是指行政主体依法对行政相对人的特定法律关系、事实或是法律地位，进行确定、认定并予以正式宣告的行政行为。因行政确认的内容多数是

---

① 龙江洪：《民事与行政交叉案件审理问题的研究》，载《当代法学论坛》2011 年第 1 辑。

以行政相对人的民事权利、义务为内容的,因此便经常产生与民事争议纠纷相互交叉的情况。例如行政机关对户籍的登记、对不动产产权争议的处理等。

2.房屋登记行为与民事纠纷交叉的案件。实践中,涉及房屋等不动产登记争议的行政案件,大概率存在与之相关联的民事纠纷,多为不动产产权归属争议。相对人提起行政诉讼,表面上是对不动产登记这一具体行政行为提出异议,而实质上真正的目的还是指向解决民事争议,也就是解决不动产产权归属问题。当案件同时涉及行政争议和民事争议时,在行政诉讼中为了更好解决问题,当事人通常要求一并处理相关的民事争议。在本类型的案件中,"民事权利的归属对行政诉讼审判有直接利害关系,对民事权利的审查是不可避免的,但行政诉讼是主要目的"①,案件由行政争议引发的,行政争议处于核心位置,只要行政争议解决了,当事人就可以预判出民事争议的大体处理结果,此时民事争议是行政诉讼的附属。从法经济学的角度考虑,"迟到的正义非正义",为了缩短诉讼周期,避免人民法院作出的裁判发生冲突,虽然法律尚无规定,但在司法实践中人民法院就处理方式初步达成了一个共识,即采用行政附带民事的处理方式。②

---

① 龙江洪:《民事与行政交叉案件审理问题的研究》,载《当代法学论坛》2011年第1辑。

② 此处应当注意"行政附带民事诉讼"与"行政争议与民事争议一并解决"的区别。根据(2017)最高法行申1482号行政裁定书中的裁定要旨,"《行政诉讼法》的确对一并解决相关民事争议作出了规定,这一制度对于解决民事行政争议相互交织、减少循环诉讼、避免民事行政裁判的相互矛盾和相互推诿,均具有积极意义。但是,《行政诉讼法》所规定的'一并解决相关民事争议',在性质上是行政争议与民事争议'一并解决',而不是'行政附带民事诉讼'。确切地说,是为了诉讼便利的考虑,将两个不同性质的诉讼一并审理。一并审理后,仍然存在行政与民事两类诉讼、两个争议。正是基于这一特点,《最高人民法院关于适用〈中华人民共和国行政诉讼法〉若干问题的解释》第138条第1款:"人民法院决定在行政诉讼中一并审理相关民事争议,或者案件当事人一致同意相关民事争议在行政诉讼中一并解决,人民法院准许的,由受理行政案件的人民法院管辖。"第140条:"人民法院在行政诉讼中一并审理相关民事争议的,民事争议应当单独立案,由同一审判组织审理。人民法院审理行政机关对民事争议所作裁决的案件,一并审理民事争议的,不另行立案。"

当然如果当事人有程序上的选择权,可以自主选择行政附带民事程序还是通过行政诉讼与民事诉讼分别提起方式进行。

这类案件具有以下特点:首先,在案件中需要解决行政和民事两种类型的纠纷,其中,行政争议是诉讼中的主要内容,与之相关联的民事争议处于从属性质。换言之,行政争议,一般关于具体行政行为合法性的问题是法官要解决的核心重点内容,民事纠纷属于附带解决。其次,行政与民事两种纠纷都源于同一个法律事实。例如,当事人的违法行为既引发了行政处罚又需要进行民事赔偿。最后,行政与民事两种纠纷的处理结果并不存在先决性的问题。行政诉讼的案件裁判不以民事争议的处理结果为前提,民事纠纷的解决也不以行政诉讼的结果为先决条件。两类可以分开解决,当事人可以分别单独提起诉讼。

(三)行政争议和民事争议并重的案件

与上述两类案件行政争议为证据或主要焦点不同,行政和民事两种争议并重的案件,通常需要以确定民事案件双方当事人之间的权利义务关系来作为民事案件解决的重要环节。民事案件审理结果相关裁判的作出需要以具体行政行为的合法性为依据,而处理行政争议的行政诉讼的裁判结果也以民事纠纷解决为前提。两种类型的诉讼同等重要,不存在区分主从属关系的问题。

这类案件中涉及的行政争议案件的类型主要是行政裁决。行政裁决是指行政主体依照法律授权,对平等主体之间发生的、与行政管理活动密切相关的、特定的民事纠纷进行审查并作出裁决的具体行政行为。[①] 在行政裁决案件中,行政相对人针对行政机关作出的具体

① 参见罗豪才、湛中乐主编:《行政法学》(第4版),北京大学出版社2006年版,第260页。

行政行为不服,提起行政诉讼要求撤销相关行政裁决,同时,一般会请求法院对行政裁决所关涉的民事纠纷一并进行审理,也就是对于行政裁决所影响的民事案件也请求法院进行处理,由此引发民行交叉案件。此类案件大致可以分为三种:一是当事人不服行政确权的案件;二是当事人不服行政机关对补偿问题作出的裁决的案件;三是当事人不服行政机关就民事侵权行为作出赔偿的裁决的案件。①

这类案件的特点主要有:民事争议的内容是纠纷产生的起点,也是诉讼中要解决的基础内容,行政机关作出行政裁决的目的是解决该民事纠纷。发生行政争议的原因是,民事纠纷中的当事人不服行政机关对民事问题作出的处理结果。当事人的最终目的指向的是最初的民事纠纷的妥善处理。但行政争议有必要同时被解决,因为如果行政裁判合法性的问题悬而未决,就可能造成法院的裁判结果与行政机关的行政裁决不一致,产生间接的"同案不同判",带来司法与行政之间的张力,损害公权力的权威。同时,民事争议双方当事人的纠纷无法彻底解决,会造成既浪费司法资源又减损行政行为的公信力的结果。此类民行交叉案件,既可能由当事人提出,也可能由法官审查发现。如某甲建造的建筑物超过行政机关部门批准的范围和面积,影响相邻的某乙的居住或者通行,某乙向相关行政机关反映情况但没有得到有效的处理结果,遂向法院提起行政诉讼。诉讼的内容是请求判令行政机关履行法定职责对某甲的违法行为予以处罚。同时,某乙又提起民事诉讼,请求法院判令某甲停止侵害、拆除建筑物。

目前,我国法院内部从效率和专业性的角度出发,划分不同的审判庭来审理不同性质的纠纷。即使是相关联的民行交叉案件也需要

---

① 参见薛刚凌:《行政法治道路探寻:薛刚凌教授文集》,中国法制出版社2006年版,第692页。

分别由行政法庭和民事法庭的法官进行处理。这种以机械的标准把握关联案件强行拆分审理的方式产生许多问题。例如,法官容易遗漏部分重要的案件事实,或者具有利害关系的特定主体未能参加诉讼,导致民行交叉案件反反复复审理,诉讼周期长,讼累严重,不能有效解决争议。这有违公正解决法律纠纷的要求,也不符合司法效率原则。值得注意的是,我国的刑事附带民事诉讼制度已经探索出一套解决刑民交叉案件的可行方案,可以为解决民行交叉案件在指导理念和制度设计上提供参考。

因此,探索构建解决民行交叉案件的审理模式,妥善解决行民交叉问题,是强调司法效率的现代法治建设的应有之义,也是完善中国特色社会主义法治体系的重要课题。

第二章 民事诉讼与行政诉讼交叉案件解决机制的理论基础

第一节 诉权的基本权利属性

一、诉权的基本含义

(一)诉权的概念

诉权是诉讼法学的基础概念,是大陆法系诉讼法学的理论基础。诉权为民行交叉案件解决机制提供理论依据。《中国大百科全书·法学》将诉权定义为公民请求法院行使审判权解决民事纠纷或保障公民权益的权利。诉权是公民享有的一项宪法权利,体现了公民与国家的权利义务关系。由于诉讼是实体与程序共同作用的领域,因此从诉讼法与实体法连接的角度分析,诉权应具有双重内涵,即程序内涵和实体内涵。诉权的程序内涵是指诉讼主体在程序上向法院请求行使审判权,旨在启动审判程序并将纠纷引入到诉讼程序中。诉权的实体内涵是对诉讼权利的实质化,是保护具体权益或解决具体纠纷的请求。诉权的实体内涵与程序内涵相互补充,互为手段与目的,共同形成了诉权的完整内容。[①]《牛津法律大辞典》对诉权的定

---

① 参见《中国大百科全书》总编辑委员会编:《中国大百科全书:法学》(修订版),中国大百科全书出版社2006年版,第476~477页。

义为"提起诉讼的权利"[①]。诉讼主体能否享有诉讼权利的依据在于当事人能否要求其他诉讼主体承担权利或履行义务。在《元照英美法词典》中也有相近的词语如"right of action"(起诉权),具体是指诉讼各方为了维护自身合法权益或寻求法律救济而向法院提起诉讼。再如"chose in action"(权利动产),指可通过诉讼实现的权利。[②] 在《布莱克法律大词典》中提到"诉权是提起诉讼的权利。诉权产生并建立于一项交易或某些事实状态之上,是通过司法程序获得补救的权利"[③]。我国学者将诉权定义为:"当公民认为自己的合法权益遭到侵害或须解决争议时,可以通过公正、理性的司法权寻求救济和解决争端。"[④]也有学者认为诉权是请求法律救济的权利,是启动与延续诉讼的权利。[⑤] 目前我国广义的诉权定义为:"诉权是国家赋予社会主体在自身权益遭受不法侵害或与他人产生争议时,请求审判机关运用审判程序保护其合法权益的权利。"[⑥]诉权类型包含民事诉权、刑事诉权、行政诉权、宪法诉权等。[⑦]

(二)诉权的内容

诉权的主要内容包含以下几个方面:一是起诉权。作为诉权的基础形态具体是指提起诉讼的权利。二是上诉权。作为起诉权的延伸具体是指对诉讼结果不满意时进行上诉的权利。两者的区别在于起诉权源于争议,而上诉权源于对诉讼中尚未生效的判决或裁定的

---

① [英]戴维·M. 沃克:《牛津法律大辞典》,北京社会与科学发展研究所译,光明日报出版社 1988 年版,第 775 页。

② 参见薛波主编:《元照英美法词典》,法律出版社 2003 年版,第 224、1201 页。

③ BryanA. Garner, *Black's Law Dictionary*, Thomson Reuters West, 1979, p. 1190.

④ 左卫民等:《诉讼权研究》,法律出版社 2003 年版,第 2 页。

⑤ 参见周永坤:《诉权法理研究论纲》,载《中国法学》2004 年第 5 期。

⑥ 王红岩、严建军:《广义诉权初探》,载《政法论坛》1994 年第 5 期。

⑦ 参见任瑞兴:《诉权的法理分析——以我国的诉权发展为基点》,吉林大学 2007 年博士学位论文,第 9 页。

不满。上诉原因有多种,可能是对某一判决的实质问题提出上诉;也可能是对诉讼权利不满而上诉,如提出撤销判决。上诉权的行使与国家体制、历史环境有很大关系。如我国实行两审终审制,在诉讼过程中当事人对诉讼结果不满意时可以提出上诉,二审法院的判决即为终审判决。但在一些司法体系中,上诉权不受次数的限制,可以在程序中多次使用。三是反诉权。反诉权作为一项特殊的诉讼权具有被动性和消极性,是诉讼过程中应诉方对原告行使的起诉权,是针对诉讼中涉及本案的独立反请求。四是申请再审权。这是针对已经生效的判决行使的特殊上诉权,目的是矫正不公正判决带来的不利后果,维护当事人的合法权益。由于申请再审权是对已生效判决结果的否定,可能对胜诉一方造成不利影响,破坏法律关系的稳定性,浪费司法资源,因此,各国立法者在衡量司法稳定性、权威性与公正性后,对此项权利进行了不同程度的限制。在我国,再审请求权的行使包括三个方面:一是由法院依职权进行再审,这一途径是法院"自动行使"的诉权;二是由当事人提出再审申请,当事人的再审请求并不必然引起再审,而是由被请求法院依据法律规定决定的;三是检察院提出的抗诉或检察建议。再审请求不能必然导致再审,是一种不完全诉权也可称为非常诉权。除上述典型诉权外,诸如申请回避权、轻微刑事案件中受害人的自述权等也是诉权的派生产物。①

二、诉权是人的基本权利

(一)诉权的人权属性

人权是所有人与生俱来的权利,人权不仅是法学上的概念,也是政治学上的概念,是每个公民享有和受到国家保障的权利,是人类文明发展的必然产物。人权范围具有广泛性,人们在社会上生存所需

---

① 参见周永坤:《诉权法理研究论纲》,载《中国法学》2004 年第 5 期。

的基本权利都可以归为人权的一部分。诉权作为人们享有的救济权利,也是人权的组成部分之一。在宪法规范中将人权转化为实然状态,通过公民争议与国家司法权衔接,即为诉权。[①] 诉权是基本人权的救济手段,也是救济性的基本人权。诉权是人权的程序侧面以保障人权得以实现,从这个意义上说,诉权在整个人权内涵中处于核心位置。查阅各国人权公约可以发现,诉权作为一项基本人权已经得到世界上很多国家的认同。1948 年联合国大会通过的《世界人权宣言》中提到,[②]当人们受到不法侵害时,平等地享有请求法庭公平审讯的权利。1950 年《欧洲人权公约》第 6 条规定每个人都可以在权利受到侵害时,向法院提起诉讼来保障自己的合法权益。[③] 1969 年《美洲人权公约》第 8 条规定了公平审判的权利,将公民享有的诉权细化,规定被侵害人享有起诉权、上诉权等。[④] 1981 年《非洲人权和民族权宪章》也规定了相似的内容。诉权的独立价值需要受到法律充分的保护。

诉权是救济和保障基本人权的重要手段,人权与宪法之间具有内在的紧密联系。《中华人民共和国宪法》(以下简称《宪法》)第 33

① 参见夏勇:《中国宪法改革的几个基本理论问题》,载《中国社会科学》2003 年第 2 期。

② 《世界人权宣言》第 8 条:“任何人当宪法或法律所赋予他的基本权利遭受侵害时,有权由合格的国家法庭对这种侵害行为作有效的补救。”第 10 条:“人人完全平等地有权由一个独立而无偏倚的法庭进行公正的和公开的审讯,以确定他的权利和义务并判定对他提出的任何刑事指控。”

③ 《欧洲人权公约》第 6 条第 1 款:“在决定某人的公民权利和义务或者在决定对某人确定任何刑事罪名时,任何人有理由在合理的时间内受到依法设立的独立而公正的法院的公平且公开的审讯。判决应当公开宣布……”

④ 《美洲人权公约》第 8 条第 1 款:“人人都有权在适当的保证下和在一个合理的期限内由事前经法律设立的独立和公正的主管法院进行审讯,以判断对该人具有犯罪性质的任何指控,或者决定该人的民事、劳动、财政或者具有任何其他性质的权利和义务。”

条规定“国家尊重和保障人权”①,保障人权是宪法规范的基本价值。纵观人类社会宪法发展史可以看出,人权的需求与实现无不体现在宪法规范中,人类实现人权保障的历史进程也是宪法变迁的历史过程。人权的保障与实现离不开宪法制度,如果从宪法规范入手对比实体权利和程序权利的规定可以发现,公民享有的实体性权利更加广泛和具体。与之相比,宪法规范中程序性权利则较为有限,有关民事权利保护的程序性规定很少。诉权作为保障公民基本权利的一种程序性权利,随着人权保障体系的完善应逐步向纵深发展,使我国人权保障得以充分落实。

(二)诉讼与基本权利的消极受益权功能

受益权功能是指公民基本权利所具有的,请求国家维护基本权利实现而实施的某种行为,享有一定的利益功能。劳动权、受教育权等都是具有受益权能的权利。受益权是由国家积极行动所赋予的,通过支付等方式来保证受益功能的实现。与此相对,所谓消极受益权是指人们在行使权利的过程中受到侵犯时,向法院提起诉讼要求保障,即请求国家提供司法救济。与其他直接要求国家给予权益不同,消极受益权具有被动性,国家被动地提供救助,因此也被称为“司法受益权功能”。基本权利的司法受益权功能与公民的诉权息息相关,诉权的核心问题是国家赋予社会主体在自身权益遭受不法侵害或与他人产生争议时,请求审判机关运用审判程序保护合法权益的权利,也可称为“接受审判权”②。当公民提出请求时,法院有义务提供司法救济,“接受审判权”可视为保障实体性权利实现而设立的一项程序性权利。无救济则无权利,因此任何一项权利都应具有“司法

① 《中华人民共和国宪法》第33条第3款:“国家尊重和保障人权。”

② 刘敏:《论裁判请求权——民事诉讼的宪法理念》,载《中国法学》2002年第6期。

受益权功能",当权利受到侵害时请求法院予以救济。①

（三）诉权与国家的司法救济义务

诉权作为公民寻求司法救济的权利,一定程度上是检验和探究我国公民权利获得司法救济与保障问题的关键点。② 国家的司法救济义务是指公民在遭受不公正对待或权利受到侵犯时,法院通过审判活动保障公民的权利。根据定义可知,司法救济义务的内容为通过审判活动解决当事人之间的纠纷并保障公民的权利,具体包含以下内容:一是有受理案件的义务。符合法律规定的案件法院均应受理,针对不予受理的案件也应按照法定程序作出不予受理或驳回起诉的裁定。二是及时审理与公正裁判的义务。针对已经受理的案件法院应当公正、及时地进行审理,解决争议后作出公正的裁判,该裁判应具备明确性与可执行性的特点。司法救济义务是国家的给付义务,给付的内容即为审判活动本身,法院是履行司法救济义务的直接主体。洛克的《政府论》中提到政治权力是公民权利让渡的结果,人民将权利让渡给国家的目的是"惩罚侵权行为的",国家应履行作为公正裁判者的义务。③ 权利和救济是相辅相成的,如果权利没有了救济这个"避风港",公民享有的权利犹如"纸上谈兵"。因此,为维护社会稳定,国家科以"司法救济义务"来保障公民的基本权利,当公民权利遭到侵犯时,司法救济义务应当及时发挥其作用和功能,如果国家不履行义务或拒绝裁判,公民的基本权利将无法得到有效保障。诉权是公民的基本权利,公正的裁判是国家的义务。司法救济义务是直接针对诉权,间接针对基本权利的司法受益权功能。④

---

① 参见张翔:《基本权利的规范建构》(增订版),法律出版社 2017 年版,第 197 页。

② 参见任瑞兴:《诉权的权利属性塑造及其限度》,载《当代法学》2020 年第 2 期。

③ 参见[英]洛克:《政府论》(下篇),叶启芳等译,商务印书馆 1964 年版,第 78 页。

④ 参见张翔:《基本权利的规范建构》(增订版),法律出版社 2017 年版,第 195 页。

三、诉权保障的必要性与意义

保障诉权有助于保障公民的基本权利。诉权作为一项基本人权,为其他基本权利提供救济途径。加强诉权保障对于促进市场经济发展,完善法治国家建设具有重大的意义。一方面,公民权利意识不断觉醒,保障诉权能够为权利保障提供有效的救济途径,有效地保障公民权利;另一方面,随着社会的发展必将不断产生大量的纠纷,加强诉权保障使纠纷能够顺利地进入司法领域解决,有利于维护社会的稳定。随着市场经济的飞速发展,公民的权利意识逐步增强,当自身权利遭到侵犯或受到不公正对待时,在权利意识的支配下,越来越多的人选择通过法律途径维护自身权益。保障当事人有效行使诉权一定程度上能够缓解社会矛盾,维护社会稳定。我国宪法在赋予公民基本权利的同时也赋予公民可以进行救济的权利。纠纷的急速增长是当前不可回避的问题,保障诉权具有新时代的意义,因此应当积极采取措施保障公民诉权,使其充分发挥保障与救济作用,更好地为人民服务。

保障诉权有益于构建和谐社会。构建和谐社会并不是否认矛盾和冲突的存在,而是要求这些矛盾和冲突能够在法律规则的框架下得到及时、有效的解决,体现出以人为本的法律精神。以人为本在法律上表现为充分尊重当事人的意愿,即在法律允许的范围内,当事人享有广泛的自由,当自身权利受到侵害时,可以运用法律武器来保障自身权益,同时法律也应为当事人提供其他更多的救济途径,完善多元化解决纠纷方式。我国宪法赋予公民一系列的基本权利,覆盖政治、经济、文化等多个方面,针对诉权的规定却不够明确,在民事法律关系乃至行政法律关系中仍存在为数不少的不可诉事项,在司法实践中有关诉权内容的法律条文与司法解释产生冲突和矛盾在所难免,给司法工作者带来工作上困扰的同时也给当事人带来了诸多无奈。长此以往必然削弱司法权威，不利于和谐社会的构建。我国在法律制度、法律运行机制中仍存在上述亟待完善的内容，这些困扰是构建和谐社会必须清理的障碍。因此可以将诉权保障上升到宪法规范层面，从国家根本法的角度给予诉权宪法保障。保障诉权体现了和谐社会以人为本的指导思想，通过诉讼程序解决目前民事和行政案件中存在的冲突和争议，将纠纷解决纳入法治化的解决途径中，杜绝侵犯诉权的行为发生，有效减少纷争化解矛盾，让诉权为其他基本权利提供更强有力的保障。

归根结底，为民众解决纠纷、提供司法救济途径是国家的义务。在民行交叉案件中诉权的行使受到一定的限制，因此充分保障当事人的诉权具有积极意义，国家有义务保障诉权妥善解决民行交叉案件。中国共产党在党的十八届四中全会上指出：“改革法院案件受理制度，变立案审查制为立案登记制，对人民法院依法应该受理的案件，做到有案必立、有诉必理，保障当事人诉权。”司法制度的变革真正将保障诉权落到实处，保障人民群众基本权益，维护社会稳定与和谐，有效推进法治国家建设，培养人民的维权意识和法治意识，让人民遇到问题找法，解决问题找法，使法律真正成为每个中国人的信仰。

第二节　公正与效率的价值博弈

价值是哲学理论上的关系范畴，具有最高的普遍性与概括性。内涵是指事物本身的属性能满足主体需求的一种关系。对价值的探讨实质上是对客体属性功能与主体需求间效益关系的探讨。诉讼价值作为评价诉讼程序的基本标准，为立法者设计和运行诉讼程序提供了一系列的基本要求。同时，也代表了一种理想化的境界或目标，为人们在从事诉讼活动中所追寻。对于诉讼价值的理解与认知可以通过内在价值与外在价值两个角度进行深入的探究。理论上,诉讼的内在价值和外在价值应该是一个完整的有机体,本身不作刻意的区分。鉴于本文讨论的主题问题为民行交叉案件的解决,下文中提到的诉讼价值主要从民事诉讼和行政诉讼的价值入手,不对刑事诉讼的价值进行展开。作为独立的诉讼程序,民事诉讼和行政诉讼分别具有独立的任务、目的以及运行规则。但作为实现社会正义,救济权利的一种手段,民事诉讼与行政诉讼又存在共同的价值与目的追求。通过对两者的分析整合可知,诉讼程序价值的基本内容包含两方面:公正价值与效率价值。民行交叉问题解决机制的构建要以准确把握这两种价值为基础,才能妥善有效地解决纠纷。

一、公正:诉讼价值的核心目标

在人类发展史中公正是一个古老恒久的话题,是人们坚持不懈追求的基本价值目标。而公正的内涵随着社会的变迁发展而富有时代意义,人类的早期社会就已经正视公正的重要价值,特别是古希腊柏拉图就将公正视为政体的理想价值所在。当代著名的政治哲学家罗尔斯也曾说:“正义是社会制度的首要价值,正像真理是思想体系的首要价值一样。”[①]《联邦党人文集》中提道:“正义是政府的目的。正义是人类社会的目的,无论过去或将来始终都要追求正义,直到获得它为止,或者直到在追求中丧失了自由为止。”[②]公正作为社会制度的首要价值,是政府、公民、社会共同追求的价值目标,体现到诉讼程序中就是追求司法公正。就司法公正而言,学术界普遍认为它包

---

① [美]约翰·罗尔斯:《正义论》,何怀宏等译,中国社会科学出版社2009年版,第3页。

② [美]汉密尔顿等:《联邦党人文集》,程逢如等译,商务印书馆1980年版,第266～267页。

含了实体公正和程序公正两个层面的含义,两者辩证统一。前者强调实体处理结果的公正,后者强调诉讼程序的公平。司法能否发挥其效能,能否得到人们的信赖,与司法公正密不可分,司法公正以公正为灵魂和生命,如果丧失公正这一灵魂,则失去了其本身存在的价值。

(一)实体公正

弗朗西斯·培根曾说,“一次不公正的审判比多次不平的举动为祸尤烈。因为这些不平的举动不过是弄脏了水流,而不公的审判则把水源败坏了。”①不难看出司法不公将会对社会造成恶劣影响,不公正的司法本身即是对司法资源的极大浪费。实现实体公正既包含法律价值目标的实现,也包含法律从原则到具体规定都得以实现。从法律角度分析,实体公正应以事实为依据、以法律为准绳。在审理案件过程中既要做到依据事实尽可能还原案件真相,又要正确适用法律法规。实体公正结果的得出需要经过案件事实与法律条文之间的反复推敲与论证,明确具体法律关系,严格遵循规范的法律条文。当缺乏具体的法律条文或法律规范而发生冲突时,需要法官结合法律原理等知识,运用自由裁量权来审理案件。另外,还需要认识到法律不是万能的,实体公正的实现需要依靠法律规范的正确适用和法官合法合理的裁判。

(二)程序公正

程序公正是与实体公正相对的概念,实体公正的实现需要依赖公正的程序,程序公正源于司法本身。英美国家十分重视程序公正,认为“审判结果是否正确并不以某种外在的客观的标准来加以衡量,而重视程序本身以保证结果能够得到接受则是其共同的精神实

---

① [英]弗·培根:《培根论说文集》,水天同译,商务印书馆1983年版,第193页。

质……换言之,只要严格遵守正当程序,结果就被视为是合乎正义的"①。程序公正意味着法官在审理案件时需要严格按照法律规定的程序进行诉讼,以保证案件结果的公正性,当事人获得程序公正的权利也是人权的一部分。有学者认为程序公正受法官是否公正审判、程序是否合理、公开、平等、民主、方便及时等因素所影响;也有学者认为,程序公正的标准应当包括程序公开、程序对等、裁判者中立、程序及时和程序复审等。② 为实现程序正义,诉讼过程中应当特别关注以下几点内容:首先,裁判者应保持中立,保障参加诉讼的当事人享有平等的诉讼权利。裁判者的中立是程序正义的重要标准,对任何一方不偏不倚,不受外界因素的干预,不作权力的附庸,不受舆论的影响,在保障双方当事人处于平等地位的前提下,保证诉讼活动公平地展开。其次,程序公开透明。程序公开是程序公正的重要保障之一,除涉及国家秘密、商业秘密和个人隐私外应公开程序。最后,当事人在诉讼过程中要充分发挥主体地位,积极参与诉讼、充分辩论。当事人与法官要进行充分交流,防止因自我封闭造成司法与民意的断裂。③

(三)实体公正与程序公正的互动关系

关于实体公正与程序公正的关系即司法公正观大致包含以下几种观点:一是实体公正优先论。此种观点强调实体正义优先,程序被认为是实现实体公正的手段和工具,程序公正是为实体公正而服务的,且无法独立存在于实体公正之外。离开了实体公正,程序正义就

---

① [日]谷口安平:《程序的正义与诉讼》,王亚新、刘荣军译,中国政法大学出版社1996年版,第5~6页。

② 参见王利明:《司法改革研究》,法律出版社2000年版;卞建林主编:《现代司法理念研究》,中国人民公安大学出版社2012年版,第165~168页。

③ 参见邢鸿飞、侯玲:《论我国司法制度的价值取向》,载《学术界》2017年第7期。

失去存在的基础,因此也被称为“程序工具主义”。二是程序公正优先论。此观点认为程序公正是实体公正的前提和基础,只有严格遵守诉讼程序,得出的判决才是正确的判决,也被称为“程序本位主义”。程序优先的观念包含两层含义,一方面诉讼程序公正的前提下,实体必然是公正的;另一方面当实体与程序公正无法兼顾时,程序公正应先于实体公正得到保障。三是实体公正与程序公正并重论。此观点认为程序公正与实体公正都是司法活动追求的目标,两者整体上是统一的、相互依存的,发生冲突时应视情况而定。这一主张是针对两种公正关系的探讨。[①] 我国持此种观点的学者认为“实体公正是程序公正的最终目的,程序公正是实现实体公正的重要手段,两者是相辅相成辩证统一的有机体”[②]。也有学者认为“坚持实体公正与程序公正并重是诉讼发展的客观要求也符合我国国情”[③]。也有学者提出两者并重理论在实践中并未很好地回答实体公正与程序公正冲突时的优先问题,并在刑诉法领域提出了“动态平衡诉讼观”理论。[④]

实体公正与程序公正共同构成了司法理论基础,两者缺一不可。司法公正的最优表现是同时具备实体公正和程序公正。从我国法律发展史来看,封建时期的法律没有程序法与实体法之分,具有诸法合体的特点。新中国成立后,法治理念强调事实真相,追求案件的客观真实性,更加注重实体公正,对程序正义的追求次之。但从目前来看,随着社会的进步,人们越来越发现程序公正的独立价值。如果说

---

① 参见刘崔峰:《论刑事诉讼中程序公正与实体公正动态平衡的经济原理》,载《制度经济学研究》2020 年第 4 期。

② 田平安、杜睿哲:《程序正义初论》,载《现代法学》1998 年第 2 期。

③ 陈学权:《论刑事诉讼中实体公正与程序公正的并重》,载《法学评论》2013 年第 4 期。

④ 参见陈光中:《动态平衡诉讼观之我见》,载《中国检察官》2018 年第 13 期。

实体公正是目的,那么程序公正就是实现目的的手段,司法公正需要手段去保证目的的实现,实体正义应在程序正当的前提下实现,脱离了程序公正,实体公正也失去了保障力。但实体公正与程序公正都不是绝对的,只有平衡两者之间的关系,才能实现司法公正的价值目标。影响司法公正的因素有很多,主要包括以下几个方面:首先,法律规范的滞后性。其次,法律适用的多样性。法律规范是一种抽象性的概括表达,在司法适用方面存在差异。最后,法官自身水平不一以及司法成本、司法技术及司法手段等方面都会影响司法公正的实现。[①] 公正是人类社会永恒的追求,是诉讼制度设计的核心目标,是树立司法权威的基础,是当事人进入法院解决纠纷追求的主要目的。科学认识司法运行的规律,才能更深层次地理解司法正义。因此,在设计民行交叉案件解决机制的时候要将确保司法公正的实现贯穿于整个程序的始终。

二、效率:诉讼价值的有效保障

(一)诉讼效率的含义

司法上的效率是从经济学效率中引进而来,在探讨诉讼效率的内涵前,我们需要了解"效率"一词的含义。效率(efficiency)是一个典型的经济学概念,美国经济学家指出:"效率是在基本投入不变的情况下获得最大产出。"尽管效率代表着效果丰厚,但也应在人们的购买范围内,消费者的意见表达了他们的需求,人们的选择更有利于他们自身。[②] 著名经济学家将效率定义为:"给定投入与技术的条件下,经济资源没有浪费,或对经济资源作出能带来最大可能地满足程

---

① 参见宋聚荣、宋燕敏:《公平正义价值观的司法解读》,载《法学论坛》2005 年第 6 期。

② 参见[美]阿瑟·奥肯:《平等与效率——重大的抉择》,王奔洲、叶南奇译,华夏出版社 1987 年版,第 2 页。

度的利用,也是‘配置效率’的一个简化表述。”①从效率的概念可以看出,效率是由“给定投入”和“最大产出”组成的,且应具备产出的价值性,为人们实际所需要。将此经济学概念运用到诉讼中则可以表述为:在保证司法资源投入不变的情况下,实现处理案件数量的最大产出。当然针对诉讼效率的衡量不能仅仅依靠案件数量来判断,还需要根据案件的实体正义来衡量,司法判决本身应具备公正价值。换言之,作为“司法产品”的司法判决本身必须是有价值的、是公正的,不公正的判决犹如存在质量瑕疵的商品,需要进行再次处理,如提起“上诉”或启动“再审”,最终因多次消耗大量司法资源而与效率目标背道而驰。经济学上效率强调的是产出,司法效率关注的是司法功效与价值,司法效率高会减轻司法的固定成本,有助于减轻国民负担。②

(二)诉讼效率的价值

诉讼效率价值本质上属于经济学的主题,是在诉讼活动或诉讼过程中由诉讼主体或国家运用价值观作出选择或进行评价的一种体现。因此由于主体观念存在差异,针对诉讼价值观会有不同的选择。

1. 实现诉讼公正

“诉讼公正是诉讼构成之公正,即诉讼过程的公正及诉讼结果之公正。”③公正是法律亘古不变的价值目标,公正的实现不仅要求结果公正同时也要求具有效率价值,诉讼制度应当遵循公正与效率双重价值目标,才能充分实现诉讼公正。诉讼公正与诉讼效率具有一

---

① [美]保罗·萨缪尔森、威廉·诺德豪斯:《经济学》(第16版),萧琛等译,华夏出版社1999年版,“词汇表”第2、8页。

② 参见刘练军:《司法效率的性质》,载《浙江社会科学》2011年第11期。

③ 陈桂明:《诉讼公正与程序保障:民事诉讼程序之优化》,中国法制出版社1996年版,第10页。

定的联系，主要包含：一是效率虽不能完全涵盖在公正之中，但诉讼效率丰富了诉讼公正的内涵。二是诉讼效率弥补了诉讼公正单一价值带来的不足。现有的民事诉讼程序设计很多地方都体现出了诉讼公正与诉讼效率并存的特点，如第三人参加诉讼，为了更好地查清案件事实，法院将第三人引入到诉讼中，一定程度上节省了司法资源，提高了诉讼效率，并保障公正的价值。因此，应以诉讼公正和诉讼效率价值为出发点，更好地为当事人解决纠纷，提高法院公信力。三是将诉讼效率与诉讼公正共同作为程序标准使程序更加合理。如民事诉讼中的财产保全制度既实现了公正价值又体现出效率价值。财产保全制度确保实体权利不受损失，也防止当事人转移财产后增加后期的执行成本。公正与效率具有辩证统一的关系，诉讼过程中应实现公正并兼顾效率。如果一个民事案件久拖不决，当事人的纠纷得不到解决，不仅会浪费司法资源，而且无法保障当事人正当权益。因此公正与效率都是诉讼追求的价值目标，不应将两者割裂开来，应兼顾公正与效率，两者之间存在矛盾冲突时，考量综合因素选择合理的价值比，实现最佳的平衡。因此，在案件数量不增长，诉讼带给法院越来越大的挑战的前提下，一方面要加强对实体正义的追求，另一方面则更应着重从提高诉讼效率的角度考量确保实现诉讼公正。

2. 实现诉讼目的

诉讼制度是国家为解决当事人纠纷而提供的公力救济方式，纠纷不仅危害当事人的权益也对社会正常运转产生影响，因此诉讼的直接目的就是解决纠纷。当事人选择公立救济解决纠纷时，效率问题主要体现在两个方面：首先，当事人运用司法资源解决纠纷时应付出一定的成本，以保证实现权利救济的目的，其中包括时间、人力、物力、财力等。其次，获得正义的对价应当在合理范围内。当事人提出司法救济后,在何时以何种方式获得救济属于收益问题,若司法资源不能惠及当事人,诉讼效率更无从提及。当事人在付出一定对价后,自然期待可以获得相应的收益。通常来说,案件受理后,除去因不满足起诉条件被驳回起诉的情况外,都能得到裁判或调解,但什么时候得到裁判或调解,与诉讼效率密切相关,在有效时间内定分止争,是司法活动的最大产出。如果诉讼不追求效率价值,当事人支付的时间、精力、金钱等成本大于诉讼收益时,当事人不会选择以诉讼方式解决纠纷。从法院的谦抑性出发,诉讼程序的进程与当事人息息相关,但随着纠纷以及案件量的急速增长,人们不能接受对已经审理的案件久拖不决,因此,法院需要通过运用多元化的纠纷解决方式处理纠纷,如通过调解来提高诉讼效率。如果法院无法高效处理纠纷,会使当事人丧失对法院解决纠纷的期待,被冠以效率低下、流程缓慢以及价格高昂等特点,降低民众的信赖度,降低公众对于司法救济的选择。① 因此,诉讼效率在一定程度上决定诉讼目的实现的质量。国家对诉讼制度的改革应当以提高诉讼效率为价值导向,确保诉讼目的高质量地实现。

3. 诉讼效率是现代司法的本质要素

权利救济大众化而引起“诉讼爆炸”的现代社会,司法资源的稀缺度比人类司法史上任何时期都更加明显。改革开放以来,经济往来频繁纠纷增多,市场瞬息万变,效率成为当事人解决纠纷考量的必要因素。经济基础决定上层建筑,解决纠纷的手段应当与经济发展速度相均衡。在市场经济全球化的今天,当事人寻求司法救济付出的成本,与之前的社会相比十分高昂。“无论审判能否完美地实现正

① 参见江涛:《民事诉讼效率研究——以程序设置为主要视角》,复旦大学2011年博士学位论文,第11页。

义，但如果付出的代价过于昂贵，人们往往只能放弃通过审判来实现正义的希望。”[①]因此诉讼效率成为影响人们选择司法救济的重要因素之一，在人们的观念中，如果选择司法救济的成本超过预算，人们往往会选择法院之外的其他救济途径解决纠纷。效率是现代司法的本质要求，对此我们关于波斯纳所说的“正义的第二种含义——也许是最普通的含义——是效率”以及强调“在一个资源稀缺的世界里浪费是一种不道德的行为”有了深刻的认识。[②] 效率是现代司法的本质构成要素，司法救济已经广泛应用于现代社会，缺乏效率的司法将无法满足社会的需求。经济的发展对诉讼效率提出了更高的要求，但我们也应认识到效率是实现司法公正目的的手段，在提高诉讼效率的同时不能以牺牲当事人的基本权利为代价。因此针对司法制度的改革，需要坚持司法公正的价值导向，来提升诉讼效率。舍弃公正而追求效率，势必让整个社会付出巨大代价。“正当程序和公平是法院的自信和信用的主要渊源”[③]，对诉讼效率的追求以守住此等渊源为前提和基础。审判究其根本是通过诉讼程序来实现实体公正的活动，程序性规定是保证公正实现的必要条件。

三、效率与公正价值的冲突选择

（一）诉讼效率与诉讼公正的抵牾

公正作为最首要、最核心的价值，在诉讼中扮演着不可替代的重要角色。但随着时代的发展人们法律意识不断增强，诉讼案件的数量不断增多导致诉讼案件的周期被大大拉长，人们对诉讼程序的信

---

① ［日］棚濑孝雄：《纠纷的解决与审判制度》，王亚新译，中国政法大学出版社 2004 年版，第 271 页。

② 参见［美］理查德·A. 波斯纳：《法律的经济分析》（上），蒋兆康译，中国大百科全书出版社 1997 年版，第 31～32 页。

③ ［美］P. 诺内特、P. 塞尔兹尼克：《转变中的法律与社会：迈向回应型法》，张志铭译，中国政法大学出版社 2004 年版，第 74 页。

心以及对于司法正义的追求在案件审理漫长的等待过程中消失殆尽。"迟来的正义非正义"这句话充分体现了漫长的诉讼周期给当事人带来的困扰——对程序正义以及权利未能得到及时救济的失望及怨怼。诉讼效率的价值越发受到人们的重视,在价值位列中,诉讼效率占据重要的地位,进而不可避免地与诉讼公正价值之间产生冲突。诉讼效率虽是法律的核心价值之一,但我们也无法忽视诉讼效率本身所具有的局限性。诉讼效率在理论上假设了只有结果才是重要的,因而排除了用一些非结果性的标准来判断法律规则的可能性。①如果把诉讼中的效率问题作为办案和审议问题的唯一标准,会使法律的个体公正性遭遇破坏,无法实现法律的公平正义。法律公正和效率的冲突主要表现在以下几个方面。

1. 诉讼公正与诉讼效率价值排序。处于诉讼价值核心地位的公正价值是否会因诉讼效率地位的提高而被动摇根基,这是学界普遍关心的问题,也是诉讼效率价值与公正价值冲突的关键点。尽管在案件的审判过程中诉讼的效率价值和诉讼的公正价值均是需要考量的重要因素,但基于我国的现实情况以及民事诉讼的基本性质,在位阶上诉讼的公正价值仍优先于诉讼效率价值。司法是维护社会公平正义的最后一道防线,《中共中央关于党的百年奋斗重大成就和历史经验的决议》中指出"要努力让人民群众在每一宗司法案件中都感受到公平正义",这体现出对公正价值的优先选择。民众对公正的渴望十分迫切,在选择诉讼的同时也接受了诉讼中可能遇到的效率低下的问题。诉讼的目的是恢复被破坏的正义,具有权利义务分配、处理纠纷的职能。因此,应该把公正作为衡量的标准,以冲突的公正解决

① 参见陈桂明:《诉讼公正与程序保障——民事诉讼程序优化的法哲学探讨》,载《政法论坛》1995 年第 5 期。

为价值取向，并以此对解决冲突的具体环节以及程序性权利义务进行分配。

2. 公正与效率评价体系的差异冲突。诉讼公正与诉讼效率两者均具有一定的主观色彩。基于各方当事人不同的利益选择，对同一诉讼行为可能产生完全相反的评价。正义本身是一个冲突的概念，是个体对自身情况的判断，而这种判断是基于对生活的理解以及要求而产生的。毫无疑问，人们对于很多问题都有着共同的观点和看法，但这些共识并非一成不变的，人们的观点和看法也会随着个体接受差异性的观点而不断地改变。诉讼中公正与效率的关系和地位也非亘古不变，衡量主体、衡量标准以及衡量阶段的不同，都会产生不同的评价，冲突也由此产生。如何用合理的方式平衡两者的价值冲突，是诉讼进程中需要讨论并研究的重要课题。

3. 诉讼公正与诉讼效率的实现方式。在诉讼程序中，若要保证公正的价值应当考虑以下重要因素：首先，诉讼主体具有平等性，当事人之间是公平对抗的关系；其次，裁判者应居中裁判，不得先入为主影响公正裁判；再次，公开审判制度应该贯彻诉讼的整个过程中，通过接受来自各界的监督，使司法行为高度透明；最后，当事人反驳的权利应得到保障，在诉讼过程中双方均享有发表自己的主张并反驳对方的权利。若要把公正融进入诉讼的整个过程中，以上几点都是需要考虑的重要因素。然而在诉讼过程中，当公正与效率两者不可兼得时，势必要牺牲一方利益。

（二）诉讼效率与诉讼公正的协调与契合

传统意义上，公正是司法价值的唯一目标，效率并未占据重要的地位，两者在司法程序中扮演的角色不可同日而语。然而随着时代的发展，诉讼效率在现代司法理论中的地位逐渐攀升，逐步成为法律的核心范畴，传统司法理论中，往往忽略了效率对于诉讼公正的推动作用。漠视司法程序中的效率问题会阻碍司法公正的实现，也会对司法程序内部成本问题产生影响。效率因素是司法程序性和公正性关系为何的影响维度，以公正作为其表达的方式。波斯纳认为：“程序制度在精确和成本之间追求最大的交换值。”[①]公正与效率具有同一性，两者相互影响与关联，通过提高效率可以使公正达到更高的水平。与此同时，公正的实现推动了效率价值的构建与发展。如果把公正和效率完全割裂开来，在司法中程序价值将无用武之地，司法权将演化成一种赤裸裸的暴力。社会公正的追求如果诉诸赤裸裸的暴力，法治状态将不复存在，社会公正也无法得以实现，因此司法公正是以司法效率为重要维度的公正。[②]

诉讼公正与诉讼效率之间具有辩证统一的关系。公正与效率紧密相连，两者相互交融并非处于对立的状态，二者均是诉讼价值中的重要内容，本质上具有高度的相关性。公正和效率均具有促进诉讼程序又好又快发展的共同目标，两者是相互依赖、相互制约的矛盾统一体。尽管在低效率下也可以实现公正，但此时的公正是低质量的公正，由于缺少效力的内核，公正是不完整的。只有把诉讼公正和诉讼效率结合起来，让民众在权利得到保护、纠纷得以解决的前提下减少当事人在诉讼程序中所投入的时间、精力、金钱等一系列成本，才能实现高层级、高水平的正义内涵，实现公正与效率的和谐统一。

1. 公正价值是效率价值的底线。近代以来法经济学不断发展，诉讼效率观逐渐成为主流理论。许多经济学家们试图验证公正与效率的派生关系，即公正不仅派生于效率，而且是保持效率生命力的重

---

① [美]波斯纳：《法理学问题》，苏力译，中国政法大学出版社1994年版，第262页。

② 参见程关松：《司法效率的逻辑基础与实现方式》，载《江西社会科学》2015年第8期。

要因素。[①] 这一理论的证实可以为公正地位找到合理的原因。但无论对诉讼效率的追求发展到何种阶段,公正特别是自然正义依旧有两个基本条件:任何人不得做自己案件的法官;双方当事人的意见应当被充分听取。失去了公正的基本底线,诉讼也就失去了底线,效率也就没有了意义。

2. 诉讼效率丰富诉讼公正的内涵。司法结果要想真正符合民众的期待,公正与效力两者不可或缺。脱离效率的公正不是纯粹的公正,久拖未决的案件即使有公正的结果,民众也无法从中获得对司法价值的信任感和认同感。与此相对,一个只注重效率而被迅速处理完成的案件中,也极易产生"不公正"的现象。这些行为不但没有推动正义的实现,反而成为司法道路上正义实现的"绊脚石"。单纯地追求案件处理速度对于司法公正的实现是有百害而无一利的。为了追求高效而牺牲司法公正,动摇了司法效率产生的合理性基础。不仅如此,为了恢复原有正义的秩序和状态,司法矫正会耗损大量的人力、物力、财力,无法体现司法的效率价值。只有公正的司法才是最有效率的,不公正的裁判、枉法的裁判不仅不能及时解决冲突和纠纷,而且会诱发社会的不良情绪和行为,导致社会的无序和混乱状态的加剧。[②] 构建诉讼制度应当以公正和效率为目标,将诉讼公正与诉讼效率相结合,运用效率推动公正的实现,将公正作为效率的目标。

(三)司法改革中的公正与效率

《人民法院报》2001 年元旦发表的新年献辞中提出公正与效率:新世纪人民法院的主题。在 2021 年召开的十三届全国人大常委会第三十一次会议上,最高人民法院院长周强在《中华人民共和国民事

---

① 参见汪丁丁、林来梵、叶航:《效率与正义:一场经济学与法学的对话》,载《学术月刊》2006 年第 3 期。

② 参见王利明:《司法改革研究》,法律出版社 2000 年版,第 60 页。

诉讼法(修正草案)》的说明中指出,随着经济社会发展和信息化时代到来,矛盾纠纷数量持续高速增长,民事审判工作形势发生深刻变化,现行民事诉讼法有些规定已经不能完全适应人民群众对公正、高效、便捷解纷的司法需求,有必要予以完善。可见,二十年来,对公正和效率的追求一直是司法改革的目标。在21世纪之初的司法改革中,学者们指出,公正与效率是对立统一的关系,不可以抛弃效率谈公正,更不可以只谈公正漠视效率。尽管两者的侧重点各有不同,但作为司法价值中的重要内核,两者有着共同的目标和主题。因此在司法活动中应兼具效率和公正价值。只有协调发展才能相互促进,实现共赢的局面,民众心目中司法正义的实现才指日可待。那些只顾眼前利益摒弃公正而实现的司法高效是片面的,违背法治原则、漠视法律程序追求所谓的司法高效是无益的。在司法运行过程中如果双方存在矛盾,应当本着“公正统率效率,以效率促进公正”的原则处理两者之间的关系,在坚持公正的基础上尽可能地提高司法效率,同时也要以效率促公正,没有效率就谈不上公正,不讲究效率的司法也不是公正的司法。①

2019年中央政法工作会议上,习近平总书记指出:“要深化诉讼制度改革,推进案件繁简分流、轻重分离、快慢分道。”同年,全国人大常委会授权最高人民法院在15个省(自治区、直辖市)20个城市的法院,以两年为期限,对民事诉讼程序繁简分流改革开展试点工作。此举目的在于助推司法效率与质量的提升,使司法资源能够获得优化配置,保障人民群众对司法工作的认可和满意。而深化诉讼制度改革的基本思路便是始终坚持将习近平新时代中国特色社会主义作

---

① 参见金俊银、吕方、陈海光:《论法院公正与效率主题　创世纪司法与审判新貌——最高人民法院“公正与效率世纪主题论坛”综述》,载《法律适用(国家法官学院学报)》2002年第1期。

为指导思想，深入贯彻落实习近平法治理念，建立健全中国特色社会主义诉讼程序体系；始终坚持以人民为中心的改革思想，优化诉讼程序，提升诉讼便利，充分保障当事人的合法诉讼权利；结合实际，完善改革成果，注重有效规则的推广适用，着重保证修法内容要切合实际和群众需求；重视程序的监督评价机制，严控案件质量关口，优化配套措施，不断提升诉讼实效。2021 年《民事诉讼法》中，从完善小额诉讼程序、简易程序到扩大独任制适用范围，以及发展在线诉讼，都体现出对诉讼效率价值的追求。但必须认识到，越是追求效率就越要有严苛的程序作为保障。在公正价值与效率价值的博弈中，应当以正义价值为首位，追求诉讼效率的提高无可厚非，但也应建立在保证公平正义的基础之上，而不应牺牲程序来追求效率，否则可能会导致程序进一步弱化、虚化，影响司法公正，从而影响司法公信力。具体到民行交叉案件的解决机制上，要在坚守公正底线的情况下，同时兼顾效率价值，纠纷的及时解决也是现代司法公正的应有之义。

第三节　诉的强制合并之效益价值

效益原本属于一个经济学概念，主要研究的范畴在于成本（投入）与收益（产出）之间的关系。将效益运用到诉讼程序中即为程序效益。程序效益是程序公正的又一保障因素，程序效益要求诉讼程序的设计既能使司法资源浪费最小化，又能使纠纷解决的效果和支持最大化。[①] 程序效益包含经济成本和经济收益两个基本要素。经济成本是指，程序主体在实施诉讼行为的过程中所投入的时间、金

① 参见肖建国：《民事诉讼程序价值论》，中国人民大学出版社 2000 年版，第 169 页。

钱、精力等资源的总和。经济收益则主要是针对当事人而言的，是指预期可实现的利益，对法院而言，是指其收取的诉讼费用。程序效益价值要求在程序公正的基础上，建立一种简便、高效、节约而又符合现实情况的诉讼制度，从而使司法资源配置效益最大化。[①] 从诉讼兼顾公正与效率、确保诉讼效益的角度出发，在法院案多人少，司法矛盾增多的时代背景下，诉的强制合并是探索设计可行的民行交叉案件解决机制的方法之一。民行交叉案件的核心难题就是如何处理两个相关联的诉讼。在实践中，分别处理机制存在诉讼冗长，效率低下等问题，容易产生矛盾裁判，严重影响司法公正和司法权威。因此通过尝试诉的强制合并制度，为在同一诉讼程序中解决民行交叉案件提供了制度选择。

一、诉的强制合并的基本理论

（一）诉的强制合并的概念

所谓诉的合并是指在案件审理过程中人民法院将几个相互独立的诉合并，在同一案件中进行审理和裁判的情形。当出现几个具有牵连关系的诉必须进行合并审理的情况时，我们称为诉的强制合并。当事人必须在同一诉讼程序中针对具有紧密关联的若干牵连之诉提出诉讼请求，且法院将诸多有关联的诉讼请求合并审理。诉的强制合并一般出现在必要共同诉讼之中，因为必要共同诉讼中各个案件之间存在千丝万缕的联系，如若单独审理不仅浪费司法资源，也会产生因不同的法院审理，判决结果互不相同的现象。[②] 可以看出强制性合并审理对当事人与法院的要求都极为严苛，但也具有其独特的价

---

① 参见刘冬京：《我国劳动争议处理机制之程序保障的应然价值取向》，载《江西科技师范学院学报》2003 年第 5 期。

② 参见张晋红、谢泽帆：《诉的强制合并之经济价值的思考——基于诉讼成本与诉讼效益的个案分析》，载《广东商学院学报》2012 年第 1 期。

值意义:能够促进纠纷的一次性解决,提高诉讼效率,降低诉讼成本,实现效率价值目标,实现公正裁判,符合纠纷的一次性解决与经济效益理念。①

(二)诉的强制合并的基本内涵

1.诉的强制合并的基本性质

定分止争是诉讼的目标,根据法律规定将具有牵连关系的若干诉合并到一个诉讼程序中进行审理的诉讼机制即为诉的强制合并,当事人、案外人、法院均受该诉讼机制的约束。可以从起诉与审理角度对诉的强制合并性质进行分析。当事人符合合并审理的条件并提出申请时,法院应当合并审理,不可以其他理由驳回,但当事人的诉求不符合强制合并审理的要件时,法院应当驳回当事人的诉求,当具有牵连关系的案件与强制合并所规定的条件并不吻合时,即便有合并的意图并切实提出了请求,无论是法院还是当事人,均不能实现强制合并的程序目的。强制合并在适用上有很高的门槛,即如果满足条件则应当适用,不可因当事人的申请或者法院的职权等其他行为拒绝履行。诉的强制合并的基本性质中,也体现了当事人的"诉"与法院的"审"之间对立统一的关系。

2.诉的强制合并的主体

在诉的强制合并程序中,能够依法享有权利,承担义务的参加人便是诉的强制合并主体,其主要包括当事人、与案件具有利害关系的人,以及其他诉讼参加人等。诉的强制合并程序和民事诉讼普通程序相类似,包含启动、审查、审理和裁判等,当事主体的权利和义务会因其所处的程序阶段要求的不同而有一定差别。诉的强制合并的启动与诉的提出存在差异。起诉的主体仅为当事人,目的在于启动诉

① 陈荣宗:《举证责任分配与民事程序法》,台北,三民书局1984年版,第136页。

讼程序,法院不可替代当事人提出诉讼。而诉的强制合并程序的启动是当事人、案外人、法院共同作用的结果,也就是说为了实现相互关联的案件之诉能够合并审理,诉的强制合并程序的启动的主体范围便较为宽泛,其不仅可以由当事人主动提请,还可以是法院因职责而主动启动。只是在司法实践中,不同程序主体的作用有所不同,当事人或案外人往往是诉的强制合并启动的主体,而法院则是诉的强制合并的审查、裁判主体,即不同程序阶段的主导者是不同的。

3. 诉的强制合并的实质条件

诉的合并要求诉与诉之间必须存在牵连关系,这一实质条件的存在是学界的共识。因为"不加任何限制则可能导致法院审理的混乱与诉讼迟延,甚至是原告滥用诉讼合并"①。诉的强制合并也不例外,被合并的各诉之间存在紧密性的牵连关系是实施诉的强制合并的实质条件。这种牵连关系是指合并的各诉之间有事实上或者法律上的联系,主要体现在:一是强制合并的几个案件有共同的事实基础;二是强制合并的案件之间适用相同的法律;三是诉讼请求的目的相同;四是诉讼请求的法律关系相同,即诉与诉之间在法律关系、认定事实以及责任划分上存在交叉重叠的牵连关系时方可启动。假如缺少了实质条件的限定,一方面会导致当事人滥用诉权,无法实现公正价值;另一方面,本应合并审理的案件未合并审理也会造成案件久拖不决、无法高效保障公民的权利的情形,无法实现法律的效率价值。归根到底,诉的强制合并是为了实现司法中的公正价值和效率价值。

① 陈桂明主编:《民事诉讼法》,中国政法大学出版社2007年版,第60页。

(三)诉的强制合并的特点

1. 强制合并的法定性

目前我国《民事诉讼法》中关于诉的合并被认为是诉的任意性合并,立法中并未明确规定诉的合并的条件及效力、审理程序及法律后果,缺乏合并制度与管辖制度的协调性规定,为法官留有大量的自由裁量空间也为当事人规避程序提供了可操作空间,阻碍了诉的合并制度价值的实现。因此可以尝试完善诉的合并制度,增设诉的强制合并,弥补实践中面临的任意性合并不足的问题,通过法律规定将诉的强制合并适用条件和程序规则法定化、具体化,适应时代发展的新要求。

2. 规范效力的强制性

强制性作为诉的强制合并的核心特点是区别诉讼的任意合并之重要特征,强制性体现在:首先,启动程序的强制性。在诉讼过程中,法院依据当事人的诉讼请求,发现其他案件的审理结果会对本案的审理结果产生影响,或者有牵连关系的案件在法律适用或事实上有高度的相似性,则法院应依职权予以合并审理。在满足诉的强制合并的条件下,应由当事人主动向法院提出合并审理的请求,诉的强制合并是从裁判的统一性角度进行的考量。其次,对合并之诉的审查具有强制性。当事人提出合并审理申请后,法院需要审查有牵连关系的案件是否符合强制合并的条件。法院的审查必不可少,不可因当事人申请或者法院的职权而忽视。最后,强制合并之诉的审理具有强制性。牵连之诉可以突破法院管辖权的限制合并审理,一旦形成不可轻易更改,避免因为案件分离或者个诉当事人撤诉而影响其他案件的处理结果。

3. 适用范围的有限性

诉的强制合并会对当事人的一些处分权进行限制,这便表明诉的强制合并具有一定程度上的制度性缺陷。而适当地限缩诉的强制合并范围,则更有利于保障当事人充分实现其合法的处分权。在适用情形方面,诉的强制合并仅在完整意义上的、法定的诉的合并情形中形成,如普通共同诉讼、第三人参加之诉,反诉和诉的单纯合并等。其他不符合合并条件或法律尚未承认的诉的合并形态不适用强制合并制度。在合并审理的对象方面,要求彼此之间存在紧密相连的牵连关系,没有牵连关系或牵连关系不紧密的诉,均不符合强制合并审理的要求。

二、诉的强制合并的制度功能

(一)重塑司法权威,保障司法统一

完善诉的合并制度有利于重塑司法权威保障司法统一。司法具有权威性和公信力,公正的裁判结果是司法权威的具体体现。具有牵连关系的纠纷分割审理阻碍了民事判决公正目标的实现,牵连关系案件事实、法律关系以及责任分配上存在相互交叉重叠,当由不同法院审理时,法院查明范围仅限于当事人提出的请求与事实理由,为发现事实真相、彻底解决纠纷带来了极大的困难。如果当事人存在恶意欺诈更是如此,双方提供的证据材料存在虚假行为,极易给案外人的权利带来损失,无法实现司法的公正价值。可以将诉的强制合并视为审判方式的改良机制,不仅要追求解决纠纷的数量与速度,也要提升纠纷解决的质量和效果。

司法统一意味着法律在整个管辖权范围内平等地适用于每一位公民。诉讼中司法的统一主要体现在具有同种类事实关系或法律关系的若干案件是否适用相同的法律、具有同一事实关系或同一法律关系的若干案件是否适用相同的法律。如果具有相同的事实关系或法律关系的案件,排除个案的特殊情形,不同法院或同一法院不同审判组织适用不同的法律规范或得出不同的判决结果,

会对司法的权威性造成不利影响。“同一事项,以多数诉讼,个别审理,则于事实之确定,法律之解释及适用,均不免歧义。”①如果这些彼此有关联的诉能够合并在同一诉讼程序中审理和解决,必然降低法律适用上区别待遇的概率,减少因司法适用的差异而产生的矛盾结果,减少不公正的现象,维护司法的统一性和权威性。针对民行交叉案件可以尝试运用诉的合并制度解决案件结果矛盾冲突、案件冗长费时等问题。进一步完善诉的合并制度,明确合并审理的详细内容,有助于保障司法的统一性,维护司法权威。②

(二)实现公平正义

在诉讼过程中当事人应享有获得平等保护并解决纠纷的权利,在诉的合并案件中,当事人想通过同一诉讼程序实现获得公平保护并一次性解决纠纷的目的,诉的合并制度有助于当事人实现权利,这也正是诉的合并制度的重要价值之一。因此,可将规范诉的合并审理制度作为诉讼重点关注的内容。尽管当事人基于独立的诉权,可以另行起诉的方式在独立的诉讼程序中开启,但在同一诉讼程序中,当事人之间才有可能通过抵销、吞并、排斥的方式,使本诉诉讼请求不能成立或者使本诉诉讼请求不能完全实现。在同一诉讼程序中,将具有牵连关系的案件合并审理,可以避免分别审理带来的司法资源的浪费,避免因分别审理而带来的矛盾冲突,消除因分别审判导致执行时间不同而产生的重复清偿的阻碍与风险,更好地保障当事人的权利。

(三)提升诉讼效能

效率和效益是绩效目标制定的基本要求,两者既有联系又有区

① 邵勋、邵锋:《中国民事诉讼法论》(下),中国方正出版社 2005 年版,第 412 页。

② 参见张晋红:《诉的合并制度的立法缺陷与立法完善之价值分析》,载《法学评论》2007 年第 4 期。

别。效益即效果和收益，主要包括了社会效益和经济效益，它是人们对于某种事物投入的成本以及产出利益之间的比值。一般来说，效率是指单位时间内完成的工作量，如劳动生产效率常用人均产量、人均产值等指标来表示。换句话说，效益是衡量投入与产出的关系，效率是相同产出下投入的比较，或相同投入下产出的比较。所以，解决一个问题同时关注效益与效率才能实现过程与结果的最优化。两者的区别主要有：从狭义上看，诉讼效率是指诉讼的进行速率；而诉讼效益则更能体现诉讼的综合性成果，两者的侧重点不同。诉讼效益强调结果，诉讼效率强调诉讼过程。简单而言，效率是对行动策略的制定，而效益则涉及组织的结果及组织的目标。① 在诉讼过程中应当将诉讼效益与诉讼成本综合进行衡量：第一，诉讼效益的高低是由诉讼成本与诉讼成果的比例决定的，当诉讼成果大于诉讼成本时，意味着诉讼效益高，反之，则诉讼效益低；第二，根据诉讼效益进而了解到诉讼成本，即排除其他因素影响后诉讼效益低，那么应当重点解决诉讼成本的问题；第三，提高诉讼效益与司法资源的配置是否优化具有直接的关系。

在一定程度上，诉的强制合并推动了诉的合并制度的广泛运用。通过诉的合并实现降低诉讼成本、提高诉讼效益的目的。诉的合并制度一定程度上受制于当事人的意愿与法院的选择，倘若在一定范围内规定诉的强制合并，只要当事人提出具有牵连关系的合并之诉，法院则应在同一诉讼程序中合并审理和裁判，可以一次性解决关联性纠纷并节省诉讼支出，相应地提高诉讼产出。诉的强制合并一方面能够解决诉的合并在实践中所遭遇的瓶颈问题——任意性决定了

---

① 参见江涛：《民事诉讼效率研究——以程序设置为主要视角》，复旦大学2011年博士学位论文。

诉的合并在理论上不被实现的概率程度,可以提升诉的合并制度的使用率,进而有助于通过诉的合并制度整体性地提高诉讼效率。另一方面在宏观的层面上提高国家利用诉讼制度解决纠纷的效率,也能在个案的层面上提高法院解决具体纠纷的效率。①

三、诉的强制合并的合理性

(一)符合民事诉讼制度的直接与间接目的

"目的是全部法律的创造者,每条法律规则的产生都源于一种目的,即一种事实上的动机。"②民事纠纷的解决是民事诉讼的直接目的,维护司法秩序的稳定,保护当事人的合法权益,并在纠纷解决的过程中为当事人提供程序性保障则是民事诉讼的间接目的,可以看出民事诉讼的目的层次具有丰富性和多元化特征。在构建民事诉讼制度的过程中也应把保障当事人的程序性权利作为重要目的,通过合并审理有牵连关系的案件,促进纠纷的一次性解决,减轻当事人的诉累。与此同时,此制度构建也为案外人提供了参与诉讼的机会,保障了其举证和辩论的权利,避免存在不同的判决结果进而产生争执的可能性。

(二)法经济学为强制合并提供理论依据

20 世纪中叶逐渐兴起的法经济学学派为法学研究提供了一种全新的视角,将经济学的各种分析方法如成本效益分析法、实证分析法等方法运用到分析法律制度与解释法律问题中去。诉的强制合并正是运用部分法经济学的理念和方式阐述制度的合理性和价值。在现实生活中,确立诉的强制合并制度不可避免会面临一些质疑,如虽然强制合并有利于查清案件事实,但是从辩论主义角度分析,证明案件

---

① 参见张晋红、谢泽帆:《诉的强制合并之经济价值的思考——基于诉讼成本与诉讼效益的个案分析》,载《广东商学院学报》2012 年第 1 期。

② [美]E. 博登海默著:《法理学——法哲学及其方法》,邓正来、姬敬武译,华夏出版社 1987 年版,第 104 页。

事实是当事人的职责,也应承担未能充分举证的不利后果,强制合并或许有利于纠纷的一次性解决,但仅以此为由进行合并,是否丧失了当事人的处分权？合并审理是否会增加案件审理难度,从而降低审判效率？从本质上来说,这些问题的核心——如何在自由、正义、效率三者之间达到一个和谐、平衡的状态。用传统的价值分析法验证诉的强制合并的正当性未免有些牵强附会,而将法经济学方法论作为基础加以论证,有利于解决上述问题,通过理性审视诉讼的真正内涵,我们可以得出实现效率价值在一定意义上促进正义价值的实现。除此之外,利用法经济学中成本—效益的分析工具,可以看出合并审理是大幅提升诉讼效率的有效手段。

(三)强制合并与诉审相互关系吻合

诉与审之间的相互关系,既包含起诉与受理的对应关系,也包含诉讼过程中的相互制约关系。其一,诉与审在审判程序过程中的制约关系体现在,由当事人提起诉讼,符合立案条件或撤诉符合撤诉条件的法院依法予以受理或准许撤诉。与此相对,法院有权审查起诉与撤诉的条件,如不符合法律规定有权裁定驳回,一定程度上体现了审对诉的制约。其二,诉的各要素与审判范围的制约关系体现在,法院的审判对象应限定在当事人的诉讼范围内,不得随意更改,对当事人诉讼理由的审查也应限于当事人有争议的事实理由中。但为了实现诉讼目的,审判权在一定条件下也会制约当事人行使诉权,如法院应依职权将与本诉存在“义务型”或“义务兼权利型”的第三人纳入程序中,或要求当事人将对本诉具有先决意义的事实关系作为诉在本诉中提出,这体现出审对诉的约束性。诉的强制合并的确立是合理归位诉审关系、完善诉的合并制度的必然要求。

第三章　域外民事诉讼与行政诉讼交叉案件的处理模式:比较法上的观察

在世界范围内,各国的历史文化和法治发展进程的不同,使其在民行交叉案件的处理问题上也有着不同的规定。对世界各国有关民行交叉案件的处理规定进行系统分析,有助于我国建立符合自身实际需求的民行交叉案件处理模式。英美法系国家实行单轨制的司法审查模式,普通法院不仅负责审理民事诉讼案件,还要负责审理行政诉讼案件,其并没有设置专门法院将民行案件进行区分对待。而大陆法系国家则采用双轨制的司法审查模式,民事诉讼与行政诉讼的处理模式有着严格的区分,即不同性质的诉讼只能交由各自的专门法院进行审理。由于各国对民行交叉案件的处理模式规定各异,本文将对各国的相关规定进行具体分析,从而为进一步完善我国民行交叉案件的处理模式提供一定的参考。

第一节　民行合一的附带审查模式:英美法系国家民事诉讼与行政诉讼交叉案件的解决机制

英美法系国家实行单轨制的司法审查模式,其法律形式的分类不同于大陆法系的公私法之分,也没有像大陆法系国家一样设置专门法院来处理不同类型的诉讼纠纷,而是仅由普通法院对民行交叉案件进行审理,法官在审理案件时,对其管辖案件的所有涉案部分都可以适用相同的诉讼程序和裁判规则。

一、英国模式

英国是英美法系的发源地,实行一元司法体制,理论上对公法与私法不做严格的区分。在英国的法律制度中,由普通法院审理包括民事案件、行政案件在内的所有案件,并不区分普通法院与专门法院。也就是说,公民对于国家行政机关违法行为的争讼与公民之间的民事、刑事诉讼都应当适用相同的诉讼程序由统一的司法机关进行审理,且司法实践中民事争议与行政争议的审理,都应当适用相同的诉讼程序规定和裁判规则。但是在司法实践中,对行政案件的管辖权并不及于全部普通法院。当行政机关的侵害行为不能纳入一般的诉讼原因时,或依普通诉讼不能得到完全救济时,英国的部分一审行政案件需要由高等法院中的王座法院进行审理,特别是受理行政案件的法院,需要受到专业性、特殊性等要求的限制,而主审法官也需要具备较高的级别和较强的专业性。因为此类案件如果完全由普通法院依据一般法律原则进行审理,就很难满足实际需要与公平审判的要求。因此,20 世纪后期,随着资本主义国家的政治、经济、科技等社会水平的不断发展,社会矛盾也越发加剧,为适应其多方面的发展需要,英国议会经决议产生行政裁判所。行政裁判所不同于普通法院的审理模式,其主要职能是针对具体行政纠纷进行处理,虽然其享有独立进行审判活动的权力,但其与行政机关在组织上仍然具有密切的联系。而且行政裁判所不属于法院系统,具有准司法权,以类似于法院的审判程序和方式开展裁判活动,处理行政机关之间、行政机关与公民之间的纠纷,其行为具有灵活、简便、成本低、效率高等优势,所处理的案件类型也涉及社会生活的各个领域。因此,越来越多的民众会倾向于向行政裁判所寻求权利救济,这样既可维护当事人的合法权益,亦可减轻法院的负担,提高诉讼效率,确实能够十分有效地处理具体行政纠纷,在一定程度上减少了民行交叉案件的发生。然而,行政裁判所对于行政案件的管辖也是在尊重普通法院的基础上进行适当的调整,其并未打破普通法院的重要地位,普通法院仍然能够对行政案件进行管辖。

英国的司法审查作为解决行政纠纷的重要手段,即行政机关的行政行为要接受司法审查,这种审查是通过普通法院行使上诉管辖权以及行使司法审查权的形式而实现的。起初,英国的司法审查形式可以分为公法救济手段和私法救济手段,这两种有着明显区别的救济手段,随着时间的推移,其显著区分也在后来被逐渐淡化。特别是在 1997 年的《英国司法审查规则》最高法院 53 号令第 2 条中规定:"可以合并诉讼也可以选择其中一种救济代替其他任何的救济。"[①]该规定明显地提高了诉讼效率,也就是说,既可以采取一种救济方式,也可以基于同一事实而选择适用合并诉讼。除此之外,英国作为典型的判例法系国家,判例在英国的司法制度中起到了至关重要的作用。英国在司法实践中,对于公法与私法交叉重叠案件的处理模式,也逐渐形成了以下规则。

第一,当公法问题和私法问题同时出现在一个案件中时,则会出现选择何种程序进行解决的问题。20 世纪 90 年代的罗伊诉肯辛顿(1992)一案,英国上议院称,当公法问题交织私法问题而转变为一个独立的附属问题时,公法应充当主导地位,对行政行为是否合法的审

---

① 《英国司法审查规则》最高法院 53 号令第 2 条:"当事人依司法审查途径申请前条规定的任何救济,如果请求救济所基于的事实是相同的,或相关的,或相联系的,可以提起合并诉讼,或以其中一种救济取代其他任何救济。"

查应在私法诉讼中进行,但这并不意味着权力被滥用。案件中,通过判例的形式确立了一并审查附属问题的处理模式。在上议院看来,在救济私权利的程序中附带地对公法所作的决定进行审查这一处理模式,并没有滥用权力,即公法上的纠纷对于私法上的权利救济而言是附属问题时,这项公法上的问题无须通过司法审查途径进行审查,可以由普通程序一并审查。① 也就相当于说,当事人之间的主要纠纷是由行政行为引起时,将公法纠纷附带于私法程序进行一并审查。同样地,在解决民事诉讼的过程中,在判断公法行为是否合法有效时也可以采用此种审查方式。这实际上体现了不同的民行交叉案件有不同的解决方式,将行政行为单独诉讼至法院进行诉讼,增加了法官审查的难度,降低了民行交叉案件解决的成功性。②

第二,R. V. Jenner(1983)一案中形成了抗辩理由权力滥用的原则。当事人可以以行政行为的无效作为诉讼中的抗辩理由,即在民事诉讼或者刑事诉讼中,如果当事人质疑行政行为,法院认为申请司法审查不是处理该疑问的唯一方法而是可以在诉讼程序中直接对该行政行为的有效性进行审查。③ 面对行政争议与民事争议相互交织的案件,英美法系国家采用同一审判组织进行审判的处理方式,在一定程度上节约了诉讼资源,提高了诉讼效率。

除上述规则之外,为了提高解决纠纷的效率,英国还采用了"穷

---

① 参见 Alex Caroll, *Constitutional & Administrative Law* (*revisededition*), Financial Times Pitman Pubilishing,1998。转引自马怀德主编:《行政诉讼原理》(第 2 版),法律出版社 2009 年版,第 26 ~ 27 页。

② 参见刘畅:《困境与突围:重构我国行民交叉案件解决机制之尝试》,载《市场周刊(理论研究)》2012 年第 3 期。

③ 参见 Alex Caroll, *Constitutional & Administrative Law* (*revisededition*), Financial Times Pitman Pubilishing,1998。转引自马怀德主编:《行政诉讼原理》(第 2 版),法律出版社 2009 年版,第 26 ~ 27 页。

尽救济原则"来解决行政纠纷问题。"穷尽救济原则"要求当事人因行政纠纷在向法院起诉前，首先要经过由行政机构处理的前置程序，若当事人对纠纷处理结果不满意，才可以向法院起诉，这样的规定对于筛选民行交叉案件具有重要意义。当存在行政机关侵犯公民或组织的合法权益时，也是有很多救济方式的，当事人可以通过提起诉讼、上诉、司法审查等方式请求权利救济。而英国之所以设计如此繁多的救济途径，其目的就是使每一种纠纷问题都有妥善的解决办法。

二、美国模式

美国作为英美法系的另一代表性国家，与英国一样实行单轨制的司法体制。在处理民行交叉案件时并未专门设置法院将案件进行区分处理，其所有类型的案件均由普通法院进行审理。当出现行政案件与民事案件相交叉的情形时，美国一般采用普通法院对民事争议与行政争议一并审理。[①] 但是美国确立了行政裁决和司法审查制度来处理行政诉讼案件。行政裁决是行政机关依据规定和程序对行政争议作出决定的行为，是行政机关行使司法权的行为，可以分为正式程序裁决和非正式程序裁决两种。[②] 行政裁决是处理行政纠纷及与行政管理相关纠纷的一种基本手段，然而当相对人质疑该行政纠纷的裁判存在违法行为或不公正时，可以申请法院进行司法审查，并作出最终的评价和裁决。美国是最早实行司法审查制度的国家，美国司法审查是法院对国会制定的法律是否符合宪法，以及行政机关

---

① 《美国联邦民事诉讼规则》第 42 条第 1 款的规定："如果含有法律上或事实上共同问题的诉讼诉诸法院，则法院可以对这些诉讼的部分或全部争点的系争事项进行合并听证或合并开庭审理；或命令将所有诉讼合并；也可以作出其他有关诉讼程序的命令，以避免不必要的费用和迟延诉讼。"参见汤维建：《美国民事司法制度与民事诉讼程序》，中国法制出版社 2001 年版，第 377 页。

② 参见胡建淼：《十国行政法——比较研究》，中国政法大学出版社 1993 年版，第 73 页。

的行为是否符合宪法和法律进行审查的制度,[①]其对解决美国行政纠纷具有重要意义。除此之外,如英国行政裁判所一样,美国设立了独立的控制委员会,作为存在于行政机关与普通法院之间的处理行政案件的独立机构,是集司法权、行政权与立法权为一体的权力机构,以弥补普通法院的法官在处理行政案件中关于行政管理知识和专业技能方面的缺陷。[②] 简便、快速是美国对民行交叉案件处理的特点,行政机关的专业知识和首次判断权获得法院的支持,但是法院依然需要坚持司法终局的原则。

对于民行交叉案件,美国确立了“穷尽行政救济原则”、“成熟原则”和“行政机关首先管辖权原则”三个处理原则。这三项处理规则囊括了当事人、行政机关、法院三者在寻求救济和冲突中所应当遵循的方式方法,[③]也解决了司法机关在处理民行交叉案件时应当何时介入的实际问题,即司法机关和行政机关之间的工作分配问题,更是处理法院与行政机关关系的基本方式。

《联邦行政程序法》中明确规定了“最终性”原则,即只有当行政机关的判定是“最终的行政行为”时,才符合司法审查的条件,这样的规定可以避免许多错误以及重复诉讼的情形。而“穷尽行政救济原则”其实就是对行政最终性原则的一种重申规则,是指在行政机关内部的所有救济途径尚未穷尽之前,司法审查并不会介入,但是也存在一些特殊的情形。也就是当行政纠纷产生时,为节约司法资源和快速有效地满足当事人诉求,应当由行政机关在其内部系统中采取相应措施,实现对当事人的权利救济。而在处理民事纠纷的过程中掺杂了行政问题,并提出相关质疑时,也应当由行政机关首先作出决定

① 参见贺荣:《行政纠纷解决机制研究》,中国政法大学 2006 年博士学位论文。
② 参见王名扬:《美国行政法》(上),中国法制出版社 2003 年版,第 179 页。
③ 参见王名扬:《法国行政法》,中国政法大学出版社 2005 年版,第 647 ~ 663 页。

之后,法院才能进行案件的审判处理,但是法院对行政机关先行管辖权的决定仍然保留必要的司法审查权。所谓“成熟原则”是约束法院何时进行审查的原则,从而保证行政机关独立于法院的地位,即行政机关依法作出决定前不受司法机关的影响。因此只有当行政相对人认为行政主体的行为违法且侵害自己的合法权益而进行指控时,才适用“成熟原则”。“行政机关首先管辖原则”是指在民事诉讼中,法院认为某案件应由行政机关管辖或存在管辖争议时,应当由行政机关率先处理。但是适用首先管辖原则应满足以下条件:一是行政机关具备专业的知识储备;二是具备全国统一解决相关问题的需要;三是可以预计司法机关对该问题的处理将影响行政机关职责的实现。但当向专业的行政机关提出首先管辖时,法院应该如何处理相应诉讼,是驳回、延期作出判决,还是继续进行,并没有统一的规定。[①] 行政机关享有优先判断权,同时在此基础上也赋予了法院终局判断权。因而在民行交叉案件中,受诉法院可以直接对行政行为的合法性进行判断,确立这些原则的最大意义就在于,最大限度地促使行政政策一致性与法院裁判终局性的和谐统一。

既判力规则的确立,也是美国解决法院内部关系的重要制度。既判力“主要是诉讼标的法律关系,法院在没有作出终局裁判前,该法律关系就不能再另行起诉,法院作出了终局裁判后,当事人运用其他程序进行防御时不得与之前的终局判决相悖”[②]。既判力制度要求法院作出一份生效的终局判决后,该判决内容对法院和当事人都具有约束效力。也就是说,即便是法院自身在后续的诉讼中所作出的判决也不能与先前判决有相悖之处,同时当事人也不能再提出与

---

① 参见应松年主编:《英美法德日五国行政法》,中国政法大学出版社 2015 年版,第 102 ~ 104 页。

② 刘宗德、彭凤至:《行政诉讼制度》,中国法制出版社 2002 年版,第 1402 ~ 1410 页。

该判决相悖的诉求。而且法院必须以前诉判决为基础才能作出后诉法院裁判，当事人也需在前诉所确定的法律关系上提出自己的主张，禁止提出与前诉矛盾或者意欲推翻前诉的诉求。因此，美国的既判力规则使法院对于案件的判决不能轻易改变或否决，从而在一定程度上增强了法院对案件判决的权威性。

三、英美法系国家处理民行交叉案件的特点分析

英美法系国家是一元制司法体系国家，深受英国司法传统的影响，具有自身的特点。而且英美法系国家的法律传统历史悠久，司法独立性较强，其处理民行案件纠纷的模式类似于“合并审理”，即两种不同性质的案件争议可以在同一个诉讼程序中处理并解决，正因如此其判决的冲突性也会较小，而这样的处理方式十分有利于提高诉讼效率，在一定程度上能够保障当事人的合法诉讼权利，并且对于我国处理类似案件的解决模式也具有一定的参考意义。但是“合并审理”也存在一些不足，如在合并审理中，普通法院的司法行为易与行政行为出现一定的交叉，甚至是冲突，容易引起司法权侵越行政权的现象，同时对于民行交叉案件的一并审理，更需要法官自身具备较强的综合审判实践能力，而法官是否具有行政专业性也是未知的。因此可以看出，一元制司法体系下的英美法系国家，尽管其处理民行交叉案件的模式具有重要的参考价值作用，但同时还需要不断改进，继续完善。

英美法系国家处理民行交叉案件的模式具有以下优点和作用。

第一，推动公平正义的实现。英美法系国家处理民行交叉案件时，没有单独设置行政法院处理行政诉讼，而是由普通法院将民事诉讼和行政诉讼“合并审理”。这种模式的实行，有利于充分保证程序正义的实现，并以此推动实体正义的落实。

第二，有利于司法资源的节约。英美法系国家处理民行交叉案

件的“合并审理”模式，特别是适用“穷尽行政救济”原则来处理行政纠纷。因此当事人向法院提起行政诉讼前必须经过“穷尽行政救济”的前置程序，由行政机关首先对涉案的行政纠纷进行处理，对复议结果不满意的前提下，当事人才可以向法院提起诉讼。由此，这类处理模式就在一定程度上减少了民行交叉案件的数量，有利于提高司法资源的利用效率。

第三，有效避免管辖权争议。英美法系国家在处理民行交叉案件时，均由普通法院进行管辖，因此就不会产生普通法院与行政法院对案件管辖权的争议。不做公法与私法的划分是英美法系传统观念的典型特征，法律面前人人平等的法治原则更是其始终坚守的司法准则。也就是说，无论是公法救济手段或是私法救济手段，对于所有的法律纠纷也都是由普通法院进行处理。因此，英美法系国家在处理民行交叉案件时，法官采取同样的标准和尺度审理交叉案件，使司法裁判的权威性与公正性获得具有较大程度的保障。在效率上，将两种争议消化在普通法院之中，从而避免了繁杂重复的立案、审理、举证、辩论等环节，减少了民事和行政争议间的冲突，节约了法院和当事人的诉讼成本，提高了处理案件的效率。

第四，促进行政纠纷的有效、快速解决。英美法系国家都设立了具有独立地位的专门行政裁判机构，该机构在处理行政纠纷问题上，更具有针对性和多样性的职能，能够结合实际有效而快速地解决行政纠纷。行政裁判机构具有两项职能：一项是指与管理有关的民事纠纷的行政裁决职能，另一项是指裁判对行政决定或者行为不服提出申诉的行政裁判职能。① 行政裁判机构为当事人提供了专业、便捷、价格低廉的救济方式。对裁判不服的当事人还可以提请司法审

① 参见张越编著：《英国行政法》，中国政法大学出版社 2004 年版，第 481 页。

查,而准司法程序与司法程序的对接规定,也在更深程度上保护了当事人的合法权益。

第五,更为灵活的案件处理模式。民行交叉的案件既涉及民事争议问题又涉及行政争议问题,这便加剧了案件处理的复杂程度。因此在处理民行交叉案件时,英美法系国家实行由普通法院进行统一管辖的制度,在很大程度上减少了案件的复杂性。使用一套诉讼程序解决纠纷,既可以省略部分重复的环节,也可以避免判决之间的矛盾冲突,大大地降低了诉讼成本,从而提高诉讼效率。甚至一些国家可以全案移送处理,这种处理方式被称为“弹性处理”,即法院可以自己判断行政问题,也可以交给行政机关先行解决,行政机关在作出决定后法院给予一定的尊重,甚至个别法院中止民事审判,等待行政机关的处理。①

英美法系国家适用一元司法体系,其诉讼处理机制又是司法体系的产物,所以在处理民行交叉案件的过程中也存在一些弊端。

一是普通法院的法官在处理民行交叉案件时,可能缺乏专业的行政审判知识和经验。而当普通法院的法官同时审理民事诉讼和行政诉讼时,无疑会加大其处理案件的难度,法官也有可能因行政专业知识欠缺,审判经验的不足等问题而影响案件的正确处理。

二是程序公正与诉讼成本之间的冲突。无论是何种类型的诉讼,审判程序和审判结果都应以追求公正为目标,所有环节都要符合公平正义的价值取向,然而程序公正的背后体现的是对抗原则、公开审理等程序制度的坚守。英美法系国家认为对行政争议的处理,可以和民事争议一并适用普通程序进行审理,也可以实现公平和正义,尽管这样的做法并没有违背“自然公正原则”,但是却也暴露了英美

① 参见何海波:《行政行为对民事审判的拘束力》,载《中国法学》2008 年第 2 期。

司法审查的复杂、烦琐等程序制度上的缺点。

三是行政裁判的合理性与局限性的矛盾。作为英美法系国家代表的英国和美国在处理民行交叉案件时，特别设立了具有独立地位的专门行政裁判机构。其在解决行政纠纷问题上，确实具有一定的专业性、灵活性强、快速性和可操作性等优点，但是因为该类机构的性质特殊，其既行使行政管理职权，又具有一定的准司法权能，这样的设置可能会使行政裁判机构与普通法院之间，产生权限方面的分歧，甚至是矛盾。虽然行政裁判机构在一定程度上可以解决行政争议问题，但是其终究无法代替司法机关行使司法裁判的终局职能，其在对法律适用的把握，裁决的权威性和执行力等方面也存在一定的欠缺。长此以往，这样的设置便可能会导致司法机关与行政裁判机构在权限问题上产生矛盾冲突，更不利于行政纠纷的解决。

四是司法权可能会侵越行政权。司法审查是英美法系国家对行政行为进行监督的主要方式，然而在实践中，司法审查以外的很多诉讼程序对行政行为也可以进行相关审查。特别是在审查程序中，没有明确的审查权限界定和规范，就可能造成行政权和司法权的关系处理不当，更有可能产生司法权侵越行政权的现实问题。

五是当事人的负担可能会被增加。英美法系国家在处理民行交叉案件时所遵循的“穷尽救济”原则，要求当事人不能因行政争议直接向法院提起诉讼，而是首先要向行政裁判机构进行申诉，完成诉前的前置程序，这无疑会使救济程序在一定程度上被延长。而当事人如果对行政裁判机构的处理不认可，也会因此花费更多的精力、物力进行接下来的提诉，反而不利于案件的快速解决。

第二节　民行分离的审查模式:大陆法系国家民事诉讼与行政诉讼交叉案件的解决机制

大陆法系以法国与德国为代表的国家实行二元制司法体系,即普通法院和行政法院分立开来,各司其职。具体而言,民事案件和刑事案件的管辖权归属于普通法院,而行政案件的管辖权归属于行政法院,以此形成了独具特色且成效显著的民行交叉案件的解决机制。

一、法国模式

法国资产阶级革命后,制宪机构设立了两套审判系统,作为自己国家独特的审判模式,将普通法院与行政法院分别设立,并独立负责特定审判任务。同时将行政纠纷与民事纠纷进行分别处理,在一定程度上调节了两种不同类型的争议纠纷可能发生的冲突和矛盾。然而在民事纠纷与行政纠纷问题的处理模式上,法国不断探索并完善其制度的发展,确定了一系列确有成效的方式方法,在民行案件交叉问题的处理上更是有章可循,值得参考学习。

首先是设立特别的专门管辖权争议处理机构。法国设立了具有独立地位的权限争议法庭作为管辖权争议处理的机构,这种首创的独特方式为其他国家解决此类问题提供了借鉴思路。法国的权限争议法庭是由最高法院和最高行政院组成的,该机构具有明确的职责,其主要解决涉及普通法院和行政法院的管辖权问题。管辖权上的冲突通常表现为两种形式,即积极冲突和消极冲突。积极冲突是特指行政机关认为普通法院没有管辖权,为了保护行政机关对普通法院的独立地位,行政机关向权限争议法庭提出管辖异议,从而确保其独立地位。消极冲突是特指行政机关和普通法院都认为自己有管辖权,而向权限争议法庭申请确定管辖权,并解决两者之间的管辖权冲突和争议问题。但是由此产生管辖权争议,致使案件无人管辖或是出现互相推诿的问题,必然会导致当事人的合法权益无法保障。在上述情况下,法国为了防止消极争议的产生,便确立了在前一受诉法院已被确认自己无管辖权后,后一受诉法院可以直接请求权限争议法庭裁决权限争议的移送程序。而如果针对同一个案件,普通法院和行政法院都有管辖权,且两个机关分别作出了互相矛盾的判决,致使当事人无法获得相应的救济,当事人便有权请求权限争议法庭就案件的实体内容进行终局裁判。由此可见,设置管辖权争议处置机构是法国在处理民行交叉案件问题上的创新,更是丰富和发展了法国的行政法理论与实践。

其次是明确行政案件审判的受案范围。在民行交叉案件的处理中,确定行政审判权限尤为重要。法国行使划定权限的主体是行政法院和权限争议法庭,而具体权限的划定应当遵循形式标准和实质标准。其中,形式标准是用来认定争议行为的性质以及行政法院的具体管辖权,也就是仅从外部表现形式上认定行政审判权限。而实质标准仅指行政机关的行为,从实质内容和根本性质的角度进行认定,其审查更为严格。具体而言,对于行政管辖范围的认定,分为不同阶段的认定标准。1873 年以前,认定行政管辖范围的依据是审查具体案件是否涉及国家债务人和公共权力行为内容,即如有此内容,则属于行政管辖范围;而在 1873 年的布朗哥判例中,则明确提出了以是否有公务观念作为确定行政审判权限的新标准;1945 年 8 月以后,除公务要求以外,又将案件是否适用了公共权力、法律关系和法律规则、私人活动相似等标准作为行政审判权限的标准。由此可知,法国通过明确相关成文规则,并作出否定性的规定,目的就在于确立明晰的行政案件审判受案范围。

最后是创立附属问题的解决机制。附属问题解决机制,是基于民行交叉审判的实际而制定的。也就是说当出现民行交叉案件时，由于存在两种不同的审判机制，一个审判结果的确定需要以另一个审判结果为依据或前提，而这两个审判权限又分属于行政诉讼和民事诉讼，故此种情形被定义为“附属问题的解决”。附属问题对确定管辖问题至关重要，它存在面广，涉及同一系统的不同法院之间，也存在于不同法院系统之间。虽然范围相对广泛，但是仍然可以通过认定和定向行为来进行区分对待，即附属问题会依据不同类型的情形适用不同的处理规则。法国在此就明确了涉及认定的附属问题，包括先决问题和审判前提问题。上述两类问题有必要进行划分和确定，为后续程序的开展奠定基础。先决问题主要是涉及相同审判系统内部不同法院之间，而审判前提问题是指不同审判系统法院之间的附属问题，两者涉及的范围不同。首先确定是何种性质问题，具体问题适用原则也不同：如该附属问题是先决问题，那么诉讼案件本身的管辖权就吸收了先决问题的管辖权。也就是说，只由主要标的的法院进行管辖，并对先决问题一并作出裁判，形成吸收关系，无须其他法院参与，此种情况下由于规定较为明确，便不会发生管辖权争议的情形，因为管辖问题依据的吸收原则是确定的。一旦涉及审判前提问题受诉法院必须立即停止相关诉讼的活动，利害关系人需要将附属问题起诉到有管辖权的法院，原受诉法院要等待对审判前提问题的处理完毕后再进行审理，原受诉法院要将其他法院对审判前提问题的判决作为本案裁决案件的根据。需要注意的是，此时的情形不再是吸收关系，而是要停止并等待裁决。

具体来说，依据法国的相关法律规定，行政审判实践中的附属问题都属于审判前提问题，其性质是确定的，这方面问题的处理，需要由普通法院首先作出裁判，而后进行其他程序的审理，需要等待结果才可以恢复诉讼。而司法审判中遇到的附属问题首先要定性，确定是先决问题还是审判前提问题,在厘清相关问题后,才能开展相关司法审判工作。由于妨碍诉讼顺利进行是审判前提问题存在的必然结果,所以法国法对司法审判中附属问题是否属于审判前提问题设置了两个必须具备的构成条件。[①] 条件一为该问题确实困难,即审判前提问题必须是关于附属问题的法律解释或合法性的认定在客观上存在困难,难以确定。如果该问题清楚,法律适用明确,那么受诉法院可以直接处理的不能成为审判前提问题。条件二为附属问题的解决对诉讼案件的判决必不可少,如果该附属问题的解决与否并不影响案件的判决,即使问题确实困难,也不能构成审判前提问题。一旦附属问题被确定为审判前提问题,受诉法院必须将正在进行的诉讼停止下来,由利害关系人就附属问题向有管辖权的法院起诉,待其他法院就附属问题作出明确的决定后,再恢复诉讼并依据前一附属问题的判决作出案件本身的判决。

二、德国模式

德国法院的设置也遵循了大陆法系国家的"二元制分权原则",由于深受德国自身传统文化影响,在法院的设置上更为精细和专业,不仅包括同法国一样的普通法院和行政法院,还包括财政、劳动、社会福利专业领域法院,共计五个职能和业务不同的法院类型。与此同时,德国各地方还设立专门的宪法法院。他们之间分工明确、各司其职,协调合作,各自行使不同领域的裁判权,形成专业化、良性法院发展模式。以此避免了因职能过多而导致司法效率不高,也避免了因职能交叉复杂而导致的管辖冲突问题。德国在本质上仍是二元制司法体制模式,其对于民行交叉案件的处理模式也与法国相同,即采用分开审理的解决模式。民事纠纷案件审判权归属普通法院,行政

---

① 参见王名扬:《法国行政法》,中国政法大学出版社 1988 年版,第 593 ~ 594 页。

纠纷案件审判权归属行政法院。同时由于德国法院的划分及职责明确较为细致,故各法院之间的管辖权冲突和争议相对较少。与法国最大的不同是行政法院与普通法院在实际审判中,会根据案件的具体情况和实践问题灵活变通。①

德国在处理民行交叉案件的管辖权冲突时,也与法国相类似。德国将管辖权冲突分为积极冲突和消极冲突两种情形,且在两种不同冲突下所适用的处理原则也不同。积极冲突情形下,行政法院和普通法院针对同一个案件,同时主张管辖时,处理的基本原则是受理在先有管辖权,即主要看哪个法院率先受理。而在消极冲突情形下,依据的则是移动受理原则,即当下法院认为自己对该案件没有管辖权,可以通过移动方式转移给有管辖权的法院,则可以进行管辖权的转移,但受移送的法院不得再次移送案件,受移送法院应对该案件进行审理并做出最终判决。②

德国也规定了附属问题的认定和处理程序。德国在《行政法院法》第94条明确界定了在权属争议问题上确定“先决问题”。当案件的审理需要另外一个案件的处理结果为指引时,先解决“先决问题”,同时需对案件进行“中止审理”,而后进行实质性审理。根据《联邦德国行政程序法》第43条第3款规定,“无效行政行为始终不产生效力”,普通法院有权否定行政行为的效力,也明确了无效行政行为的溯及力,以及确定了行政行为无效的主体。“特别严重瑕疵的行政行为根据法律本身无效,无须再经过撤销或确认其无效。这种行政行为根本无效力可言,关系人以及其他人、法院和行政机关可以而且必

① 参见王达:《处理房地产纠纷中行政与民事交叉问题的正当程序》,载《人民司法》2007年第23期。

② 参见吴庚:《行政争讼法论》,台北,三民书局1999年版,第49页。

须不理睬它。”①也就是说，当事人提出特别严重瑕疵的行政行为的直接认定问题，无须再经过其他程序。另外，德国普通法院有权裁判国家赔偿，在赔偿诉讼中普通法院可以审查行政行为的合法性、存续力等问题，即若行政行为是无效行政行为，普通法院可以直接否定该行政行为的效力。② 需要说明的是，这种“一刀切”式的中止案件审理方式，虽然谨慎，但也有弊端，其会增加案件当事人的诉讼成本，从而影响诉讼效率。③

三、大陆法系国家处理民行交叉案件的特点分析

法国与德国在具备悠久历史的行政法院的传统下，交叉案件诉讼解决机制较为规范，制度也较为完善，尤其是与英美法系国家相比，法德为代表的大陆法系国家的解决机制专业性较高。其二元司法体制下，对于民行交叉案件诉讼处理机制的优势在于以下几个方面。

其一，独立的行政机构具有较强的专业性。专业性是区别于一元制司法体系国家最为重要的特征，大陆法系国家将民事案件、刑事案件和行政案件，依据不同性质进行分开审理，特别是设有专门审理行政案件的行政法院，其对于行政案件的审判更具专业性。由于行政纠纷本身具有内容复杂、时效紧急、覆盖广泛等特点，其涉及的争议问题可能不仅局限于一个当事主体或事件，所以在对其进行处理

---

① ［德］平特纳：《德国普通行政法》，朱林译，中国政法大学出版社 1999 年版，第 136 页。转引自方世荣、羊琴：《论行政行为作为民事诉讼先决问题之解决——从行政行为的效力差异进行分析》，载《中国法学》2005 年第 4 期。

② 参见［德］哈特穆特·毛雷尔：《行政法学总论》，高家伟译，法律出版社 2000 年版，第 645 页。转引自方世荣、羊琴：《论行政行为作为民事诉讼先决问题之解决——从行政行为的效力差异进行分析》，载《中国法学》2005 年第 4 期。

③ 参见［德］哈特穆特·毛雷尔：《行政法学总论》，高家伟译，法律出版社 2000 年版，第 645 ~ 646 页。

时就需要更为慎重和专业。因此,从民行交叉案件的处理的专业性角度来看,解决行政争议问题的广度和深度,大陆法系的模式是一元制司法体系国家的普通法院审理模式无法企及的。

专业性较高的行政法官队伍,是确保行政案件处理公正的重要保障。从事审判的人员往往是出身文官或是行政学院的毕业生,因此其专业素质较高,从而确保处理行政案件纠纷更为专业。除此之外,审判人员较为特殊且丰富的实践经验,使其对行政案件纠纷处理的公正性也有相应保障,真正做到审判队伍的专业化,这便在解决行政争议方面显示出一定的优越性。

设立了专门的权属争议机构,协调民行交叉案件的处理。在民行交叉案件中,专门的权属争议机构,通过筛选和甄别民行交叉案件,协调处理,确保审判结果的公平、正义。特别是以法国为代表的权限争议法庭的设置,在协调民行交叉案件争议中起到了至关重要的作用,避免了法院之间相互争抢、推诿及矛盾发生。此外,行政权与司法权彼此相互独立、相互制约,降低了行政权与司法权相互侵越或干扰的可能性。

其二,专门的行政纠纷法庭的设置具有合理性和科学性,行政争议的解决更为高效与规范。大陆法系国家一般设置了专门的行政法院进行争议解决,既有效地避免了两个系统间相互争抢案件或相互推诿扯皮的问题,也在一定程度上确保了行政权与司法权彼此良性发展。具体而言,从机构设置、立法依据及诉讼程序、监督保障等方面均对民行交叉案件争议的解决进行了单独规定,明确各自职责范围和工作要求,有利于化解与行政机关之间的矛盾与冲突,从而更为有效地解决民行交叉案件的管辖权问题,使争议案件的解决更为公正、高效。

其三,行政法院的程序符合程序正义的内在要求,相对科学、独立、公正。大陆法系国家在解决民行交叉案件时分别适用不同程序,其相应的规定内容也较为明确,从而确保争议案件的有效解决。在具体实践中,如果法律规定某一争议是民事诉讼的先决问题,则两个审理程序是有先后之分的,即行政诉讼争议先行解决,而后进行民事诉讼。因此,整个程序的进行都是以充分保障当事人合法权益为中心,当事人的基本程序权利也得到了更加全面的保障。

诚然,任何事物都要一分为二地看待,大陆法系国家对民行交叉案件的解决模式尽管有很多值得学习借鉴的内容,但是这其中也存在一些不足,必须客观看待,参考对照。

其一,受案范围划分标准存在困境,受案范围较为狭窄。与一元审判体制的英美模式不同,大陆法系国家对于普通法院与行政法院的划分,使得其在审理案件的性质归属上也应进行相应划分。尽管其采用了多元划分标准,但是因为案件本身的多样性和复杂性,民行交叉案件依然是当今各国面临的解决难题。也就是说多元性的划分标准也很难做到细化和无争议,而这种弊病便可能导致法律成本和诉讼成本的增加。并且随着时代的发展,新型的更为复杂的法律关系的划分系统本身就具有一定的局限性,这就使司法救济的手段和方式也会出现部分"漏洞",而这种现象在民行交叉案件的处理中尤为突出。

其二,诉讼费用的增多,加重了当事人负担。正如王名扬先生所言:"行政诉讼的费用低廉只是形式,很少成为事实。"①实际上,早期的行政裁判权是赋予行政法院来直接处理行政争议案件的权力,由于案件相对不复杂,程序较为简单,成本也比较低廉,比较符合人们意愿。但随着行政法院司法化的转变,案件也越来越复杂,涉及的法

---

① 王名扬:《法国行政法》,中国法制出版社 1988 年版,第 640 ~ 641 页。

律关系随之增多,行政诉讼程序更为烦琐,审判专业化特点使当事人必须聘请专门律师帮助其参加诉讼活动,从而增加案件的胜诉概率,当事人投入的诉讼成本必然会随之增加。因此,增加当事人的诉讼成本和诉讼负担的问题,也是这种处理方式无法避免的硬伤。

其三,处理机制有时过于僵化,诉讼效率较低。二元制司法体系国家的民事争议与行政争议是由两套不同的法律体系进行处理的,各个程序环节都要遵循各自的程序规则和要求。如果欲在民行交叉案件的处理中,兼顾两个不同程序的要求,获得公平、公正地对待,其实是有一定难度的,其处理模式也未免有些僵硬。而为了达到上述目标,大陆法系国家的法律规定,当民行交叉案件出现先决问题时,一般做法是会先中止原诉讼,这种“一律处理式”的处理方式必然会导致诉讼效率低、诉讼成本高、诉讼时间长等问题。司法实践中,即便有些案件认定清楚,无须特殊处理,但是仍然会碍于此规定的限制而造成案件处理缺乏灵活性的问题。

第三节　折中主义模式下的民事诉讼与行政诉讼交叉案件的解决机制

一、日本模式

与德国、法国一样,同属大陆法系的日本是采取折中主义司法体系的国家。其在民行交叉案件的处理上,不同于一元制或是二元制的司法体系,而采用的是由普通法院处理的司法体系模式,即普通法院分别按照民事诉讼法与行政诉讼法的规定来处理民事争议与行政争议,审判模式从过去行政模式逐步转变为司法模式,具有一定的独创性和折中性。

日本从《明治宪法》开始,便深受大陆法系的影响,尤其是学习、参考德国行政法院制定了相关案件的处理模式，对于民行交叉案件的处理也是依照德国模式进行设定的，即针对行政纠纷，除非法律特别规定，均由行政法院进行审理。此时的行政裁判制度，政治控制色彩较为浓重，较少体现对国民的权利救济。“二战”后，日本又深受英美法系的影响，结合两种审判模式进行深入探索，在新《日本国宪法》时期，一改过去行政法院审判模式，效仿英美法系，创立司法国家审判体制。经过不断的发展，两种机制相互融合与协调，逐渐形成了折中主义的司法机制，使得日本的民行政交叉案件的处理机制均体现出两个法系的不同特点，而使其独具特色地建立了混合制纠纷解决机制。

在日本，如民事审判中发现行政行为有问题，需要调整或是改变判决，那么否定该行政行为效力方式就必须是撤销诉讼，单纯民事诉讼无法达到否定行政行为效力之目的。根据《日本行政法案件诉讼法》第 13 条规定，[①]不服行政行为应当提起撤销诉讼，唯有撤销诉讼才能否定行政行为的效力，其他程序无法否定行政行为的效力，具有排他性管辖。已经生效的行政裁判被赋予了公定力，在民事诉讼中不得作出与行政行为效力相矛盾的判决。[②] 如果在民事诉讼中发现行政争议，应遵循行政问题先行的原则，待行政争议先行处理后，再恢复民事诉讼的审理。除此之外，民事诉讼的处理还要充分考虑行政诉讼的裁判结果或将其视为处理的依据，不得与行政行为效力相矛盾，确保公定力不受侵害。而对于行政行为合法性的确定，则只有

---

① 《日本行政案件诉讼法》第 13 条：“撤销诉讼和有关下列各项请求的诉讼，在系属不同法院时，如认为适当，与关联请求相关的诉讼所系属的法院，可以依申请或职权，将此诉讼移送至撤销诉讼所系属的法院。”

② 参见[日]室井力主编：《日本现代行政法》，吴微译，中国政法大学出版社 1995 年版，第 94 页。

通过专门的撤销之诉来进行。还需要注意的是，日本在无效行政行为的规定上仍然与大陆法系保持一致，即无效的行政行为自始无效，部分民事程序中也可以作出无效的认定。

除此之外，日本针对民行交叉案件的处理，具有其独特的制度，其中包括关联案件的移送制度与当事人诉讼制度。

（一）关联案件的移送制度

尽管日本在其民事诉讼法律法规中，没有针对民行交叉案件的解决作出明确处理规定，但却把此类案件的发生作为诉讼中止的原因之一，即原法律程序先中止，待行政纠纷解决后继续审理。[①]《日本行政案件诉讼法》特别规定了相关案件移送制度，明确规定在此种情形下，移送案件的规定及适用。[②] 已经分别起诉的两个案件，在审理过程中不必完全地割裂开来，可以依据具体案情结合实际进行处理，法院有选择移送权，法院仍可依申请或依职权，通过相关的移送规定将两个相关争议一并审理。[③] 关联案件的移送制度是为了更有效地解决和化解因民事纠纷与行政纠纷交叉问题产生的冲突，从而为做好诉讼程序的衔接提供制度保障，同时也有利于节约司法资源，保障当事人合法权益。

（二）当事人诉讼制度

日本的司法体系独具自身特色，实行分庭审理、各司其职的模式，处理民行交叉案件问题。根据日本诉讼程序法规定，在处理民行

---

① 参见廖永安：《民事诉讼理论探索与程序整合》，中国法制出版社 2005 年版，第 36 页。

② 《日本行政案件诉讼法》第 13 条：“撤销诉讼和有关下列各项请求的诉讼，在系属不同法院时，如认为适当，与关联请求相关的诉讼所系属的法院，可以依申请或职权，将此诉讼移送至撤销诉讼所系属的法院。”

③ 参见李佳：《民行交叉案件诉讼处理机制研究》，湘潭大学 2011 年博士学位论文，第 64 页。

交叉案件时,除了遵循先行中止原则外,还要确保当事人诉讼制度的落实。日本的特色之处在于日本确立了“当事人诉讼”制度。[①] 这是司法制度上的全新突破,当事人诉讼制度主要是关于形成或确认当事人之间法律关系的处分或裁决的诉讼。[②] 也就是说,如果有关行政机关就当事人之间的民事法律关系的确认或者形成事项作出了裁决,那么一方当事人不服,以另一方当事人为被告提起诉讼,此时作出该行为的行政机关需要以诉讼参加人的身份参加诉讼。

当事人诉讼制度的具体内容主要体现为两种形式,即实质性当事人诉讼和形式性当事人诉讼。实质性当事人诉讼,主要围绕公法上的法律关系进行。比如请求行使行政关系损失补偿的请求权、公务员请求给予薪金的诉讼等。此类案件对当事人产生实质性的法律影响,和公法上的法律关系紧密相连,涉及当事人的特殊诉讼制度。形式性当事人诉讼,具体是指与确认或形成当事人之间的法律关系的行政裁决有关,但依据法律规定以法律关系中一方当事人为被告的诉讼。其中行政机关确认和形成当事人的法律关系是关键环节,即在“当事人诉讼”中,争议双方以民事诉讼的方式解决纠纷,行政主体作出行政行为的目的在于解决民事争议,此时行政主体的身份为第三人参加诉讼,而非案件的被告。因此,在处理当事人诉讼案件中一定要分清各个主体代表的法律关系,明晰各方权利义务。

在当事人诉讼制度中,主要是以民事诉讼程序的展开为依托,必要时也适用行政诉讼程序的相关规定,当事人诉讼制度离不开双方

---

① 《日本行政案件诉讼法》第 4 条:“法所称的‘当事人诉讼’,是指关于形成或确认当事人之间法律关系的处分或裁决的诉讼,是根据法令的规定以法律关系的一方当事人为被告的、以及关于公法上的法律关系的确认之诉等有关其他公法上法律关系的诉讼。”

② 参见廖永安:《论我国民事与行政争议交叉案件的协调处理》,载《中南大学学报(社会科学版)》2005 年第 6 期。

当事人、行政主体的参加。由此可见,当事人诉讼制度的特殊就在于对私人与公共、司法权与行政权关系的特殊设定。法院在审理民事争议的同时解决行政行为的合法性问题,诉讼以解决当事人民事纠纷为主,附带确定行政行为效力。而法院判决的拘束力既涉及双方当事人,又涉及行政主体。[①] 与实行二元司法体制的国家相比,日本此种民行交叉案件的处理方法更具灵活性,该诉讼机制使得民行交叉案件的各方当事人都能够积极参与到诉讼程序之中,消除抵触情绪,有效化解纠纷矛盾,避免司法权与到行政权的正面冲突。

二、折中主义模式下处理民行交叉案件的特点分析

日本对于民行交叉案件的处理方式极具特色,其借鉴和融合了英美法系与大陆法系国家的处理模式,构建了折中主义模式下的解决机制,即由普通法院按照不同诉讼程序分别进行处理的模式。日本基于折中主义模式创造出关联案件的移送制度,紧密连接诉讼程序中的各环节,有效避免处理交叉案件的冲突,消除了不同审判程序中处理民行交叉案件容易产生的矛盾,从而节约诉讼成本,提高诉讼效率。

折中主义的审理程序更为规范,其采用与德国相似的处理原则和方法,明确民行交叉案件中存在附属问题或先决问题,即在诉讼程序中应遵循"先行中止"原则。当事人诉讼原为行政法上的制度,但是日本依据其深刻的历史背景和客观实际需求进行设定,从形式看主要是为解决民事争议,但实质上主要为解决行政争议,该制度也是民行交叉案件处理方式的创新性探索,具有十分深远的理论与实践意义。日本历史上曾经有一个阶段关于废除公私法的划分呼声很高,当事人诉讼制度在当时也被认为有失公允,一度被取消。后来随

① 参见马怀德主编:《行政诉讼原理》(第2版),法律出版社2009年版,第28页。

着日本司法体制改革的深入,当事人诉讼的发展日益体现出它的现实价值,才重新启用并被不断完善。当事人诉讼制度将民事纠纷与行政纠纷进行融合处理,保障民事审判权和行政审判权的有效行使,其积极意义表现为在同一程序中不仅解决了民事纠纷,还解决了行政纠纷,一定程度上缓解了行政机关和当事人之间的矛盾,消除了行政机关应当参与诉讼又身份不明的尴尬。当事人诉讼也充分调动了行政机关参加诉讼的积极性,有助于案件事实的全面查清,保障案件的顺利解决。但这种模式的弊端就是,并不能解决所有的民行政交叉案件问题,其适用范围是有限的,而且要求民事纠纷与行政纠纷在现实生活中的融合。世界各国的法治实践情况不尽相同,司法背景与条件也存在很多差异,因而日本的这种当事人诉讼模式在适用范围上受到一定的限制。

第四节　域外经验对我国处理民行交叉案件的启示

司法审判制度是随着现代民主政治的变化而不断发展的,更是现代法治要求的现实产物。司法制度的形成和发展,受到了不同的现实国情、历史文化背景等因素的影响,从而存在很大差异,并影响到其对具体内容的选择。英美法系和大陆法系国家的民行交叉案件处理体制,在 19 世纪时期的区别较大,然而到了 20 世纪时又走向了相互影响、促进,乃至融合的发展进程。深入分析域外各国的民行交叉案件审理模式,便可发现英美法系的合并审理模式能够在一定程度上节约司法资源,便于当事人提诉,但是也容易产生司法权侵越行政权的现实问题;而大陆法系的分开审理模式,虽然在行政权的行使上给予了一定的尊重和保障,但是其审判的效率却是有待提高的。中国的民行交叉案件处理模式该如何选择?是完全仿照西方处理模式,还是走出一条符合自身实际发展的创新之路?在不断改革与发展的新时代,中国应立足于现实需要进行积极构建的回应,不应采取单一的审理模式,而应当取东西方审判制度之精华,融合两大法系不同审理模式的优点,走出一条适合中国国情的自主型法治现代化道路。

在设定或选择适用民行交叉案件解决的相关制度时,我们应当从实际出发,坚持以实际需求为导向,认真听取当事人的诉求,以节约司法资源、减轻当事人诉累、实现公平正义为构建原则。可以说,英美法系和大陆法系国家对于民事行政争议交叉案件的审理模式各有千秋,从中更是会带给我们很多启示。①

一、明确案件审查思路

在我国,没有大陆法系的行政法院,也不适用英美法中民事、行政不分的传统,民行交叉案件的处理应从本质上厘清诉讼的属性,合理运用诉讼手段。在学习和借鉴国外经验的同时,应当立足于我国现实基础。鉴于行政争议与民事争议关联案件复杂多变的特点,为防止权力滥用,保障公民的合法权利,实现关联案件的诉讼目的,应把握以下问题。

第一,确定交叉案件的性质。由于民事诉讼与行政诉讼的性质不同,其处理程序要求也就不尽相同,但实践中经常会出现不可避免的民行案件的交织问题,此时要以案件的主要性质为方向指引,同时注意以下几个问题:一是案件争议的重要程度,根据案件的重要程度进行划分,可以划分为以民事争议为主的案件和以行政争议为主的案件,或者民行争议并重的案件;二是案件争议是否可以分离,即交

① 参见朱辉:《行政附带民事诉讼程序整合问题探讨》,载《甘肃政法学院学报》2014年第6期。

叉案件的民事争议和行政争议不可分离，或者有的可以分离；三是案件争议的关联程度，有的交叉案件中一个争议的解决以另一争议的解决为前提，而有的案件只是目的和结果上的交叉。由于交叉案件的属性不同，诉讼目的不同，各类交叉案件适用程序不同。因此为了更好地解决民行交叉案件，首先要确定关联案件的基本属性，才能更好地“对症下药”。

第二，坚持程序正义，重视案件实体问题，促进诉讼效益。实现程序正义，化解实体争议、追求诉讼效益是民行交叉案件解决机制的目标，是诉讼活动的价值追求。因此解决争议纠纷的目标，不能因在民事纠纷中有行政权的介入而重程序轻实体，也不能着重解决行政争议而忽视民事争议的处理，而是在诉讼的全过程中始终坚持程序正义的基础上，竭力提高诉讼效益，视具体情况采用合适的案件争议解决方式，可以合并处理的就不分别解决，可以简化程序的就不烦琐环节，可以内部解决的就不外部处理，尽可能降低诉讼成本，减轻当事人诉累，促进诉讼效益。

各国民行交叉案件的处理，体现出不同司法体制下诉讼程序的选择和适用问题，其根本上是司法权与行政权的博弈。行政权与司法权是公权力基于分权原则而提出的，是现代国家治理选择的必由之路，故行政权与司法权都应该受到尊重和保护。事实上，行政权和司法权本身并不存在必然的冲突，但在司法实践中由于案件的复杂情况，两种性质的案件交叉也是时有发生，因此二者之间的交叉和处理模式的选择之间就是要力争达到的平衡。

第三，平衡公权和私权的保护。从各国的民行交叉案件的处理实践来看，保护私权始终是诉讼的显性目标。但是对于私权的保护不免会介入公权力的因素，因此在保护私权的同时不能忽视公权，而反之亦不可。平衡公权和私权之间的保护，应当基于具体司法实践的需要通过适当的法律手段进行处理。公权和私权均应该受到保护,且利益尽可能达到平衡,不能因过度偏重一方而否定或轻视另外一方。

二、完善案件解决路径

综观各国民行交叉案件的处理机制,都有各自的优势与不足。不同国家因其社会历史发展条件的不同、文化背景的差异及法律传统的区别,我们充分认识到选择适用任意一种处理模式都有可能会产生一定的弊端,因此我们应当综合各国制度优势,取长补短,并结合我国实际国情,建立适合我国的最佳制度模式。对此,借鉴各国的有关规定,对我国在民行交叉案件解决制度上的完善提出以下几点建议。

(一)建立管辖权争议解决机构

确定管辖权是解决民行交叉案件争议的前提和基础,因此各国在确定管辖权方面都进行了积极地探索。例如,在二元制司法体系的国家中大多设立了管辖权争议解决机构,由专门机构首先解决管辖冲突问题,即解决由谁管的问题,确定管辖问题之后再进行实质问题的审理。再如法国的权限争议法庭、德国的联合参议院等,这些专门机构的设置使得管辖问题在一定程度上得到了妥善解决。而一元制司法体系中,已经明确了单一形式的管辖法院,虽然不存在管辖权争议的情形,但由于两种不同性质的法律关系相互交叉,其设置了不同的诉讼程序和规则来保障和解决具体案件争议。虽然民行交叉案件的处理机关是统一的,但其具体适用的程序会因实际需要而有所不同,从而确保案件审判的专业性和公正性。

值得注意的是,有些国家建立专门的管辖权争议解决机构,是有现实基础的。首先,管辖权争议机构不属于任何一个法院系统或任何的审判庭,完全是一个独立且中立的处理机构,在审理民行交叉案件的过程中能够保持中立性而不偏袒任何一方,从而能有效地避免行政行为公定力与法院裁判既判力之间的矛盾，有效且权威地确认哪个法院管辖的问题。其次，机构的中立性减少了行政机关与法院之间管辖权的争议，“听从”中立机构的分配和调解，不会发生司法权向行政权的僭越，一定程度上避免了司法权和行政权之间发生冲突。最后，建立管辖权争议机构有利于提升行政效能和司法效率，保障司法工作实践有责、有权，工作效果落到实处。

这一制度措施能否被我国直接适用？目前来看，在我国设置专门的管辖权争议解决机构是有困难的。从我国现行司法审判运行机制来看，我国各级法院内部存在不同案件的分工处理，民事、行政、刑事、国家赔偿等程序也是由相关程序法律规范进行确认和保障的。在法院内部如何确定管辖权的问题则取决于在案件初到法院立案后对案件本身进行的甄选和分类。试想，如果负责分类的工作人员对各个庭审性质的分类界限不清，甚至将具体案件分配到不对口的法庭进行审理，必然会导致案件的审理不公。尽管我国可能在短时间内不具备设置管辖权争议解决机构的制度空间，但是我们可以通过建立立案甄别制度，在法院内部设立专门负责甄选管辖权分配和解决管辖权争议问题的合议庭。该合议庭由分别具有民事、刑事、行政审判经验的法官组成，当争议案件的案情重大、具有较大影响力或是案情特别复杂时，可组织相关当事人、检察人员、行政机关工作人员和具有专门知识的人员等，以听证会的形式列席管辖权争议解决的合议庭参加裁决活动，以此促进案件管辖权争议问题的顺利解决。

（二）完善一并审理制度

民行交叉案件的关系复杂，解决难度也较大，由于我国民行交叉审理制度不完善，司法实践也陷入“各自为政”的态势，造成处理此类案件的方式“各具特色”。民行交叉案件的处理制度中，多数大陆法系国家如法国、德国，以尊重行政权为出发点，为了防止司法权干预或是侵越行政权而实行中止诉讼的方式，由当事人向行政法院提起行政诉讼，由行政法院来确定行政行为的效力认定问题，并将其作为后续民事纠纷审理的参考依据。但是该方式的弊端是交叉案件分类处理的诉讼效率较低，且容易造成事实认定与司法裁判矛盾的出现。因此我国现行《行政诉讼法》规定一并审理相关的民事争议具有一定的可行性，一并审理不仅可以保障管辖权的完整性，提高诉讼效率，而且秉持“司法最终解决”的基本理念，也不构成司法权对行政权的侵越。除此之外，司法权本身对行政权具有监督作用，尽管行政行为大多是要接受行政诉讼的监督和纠正的，但不可否认的是司法权内部的分工包括了行政诉讼和民事诉讼，而行政诉讼主要是通过立法、权利义务的分配、举证责任等要素，对行政行为进行监督的，这些要素也都是可以在民事诉讼中经过特殊处理而进行解决的，这便使得行政行为在民事诉讼中接受审查和处理具备合法性基础。所以我国是具有现实基础可以为民行交叉案件的一并审理制度的实行做后盾的。同时，大多数国家处理民行交叉案件主要区分民行交叉案件中的先决问题，而部分行政行为的效力问题作为先决问题的方式而存在，因此对处理先决问题进行规范化，有助于民行交叉案件的解决。特别是有许多国家针对先决问题的处理方式及程序进行了明确规定，而在我国，面对复杂的民行交叉案件，针对附属问题、审判前提问题却仍然没有形成规范的理论系统。

一元制司法体系的国家在司法实践中确立了公法救济程序与私法救济程序相互吸纳的司法原则，这对保障公权与私权的意义重大。因此我们应借鉴国外先进的制度经验，将其作为我国制度建设和发展的参考，立足中国实际，不断探索民行交叉案件审理程序，设置一套具有中国特色的民行交叉案件的解决程序，并使之不断制度化、科学化、合理化，改进和完善一并解决案件争议的制度模式，依据主要争议的性质不同,在程序设置上着眼于不同的侧重点,从而实现民行交叉案件的公正且高效的解决。尤其在新行政诉讼法背景下,一并审理制度得到了法律制度上的空间支持和保障,我们应当进一步借鉴域外的合并审理模式中的合理因素,在实体制度和诉讼程序上实现民行交叉案件的完美解决。

(三)合理引进当事人主义的诉讼制度

当事人主义的诉讼制度是由日本首创,这一制度对解决日本涉及民事纠纷与行政纠纷交叉的特殊案件起到了积极的促进作用。具体而言,当事人可以向另外一方当事人主张权利,不失其案件的“民事性”,同时还可以将对此民事纠纷进行过裁决的行政机关列入当事人的行列之中,以此不失其案件的“行政性”,从而凸显了民行交叉案件的特质,而这也是相对有效地处理民行交叉案件纠纷的方法。但其能否直接植入中国呢?我们需要清楚地看到,任何制度的设立都需要相应制度空间的保障和支撑。例如,当事人主义的诉讼制度主要解决的是行政确认、行政处分、行政裁决纠纷问题,而这三类纠纷在中国也是常见的,也面临着民行交叉案件的实际纠纷问题。尽管这三类案件最终要解决的是民事争议,但其需要通过诉讼程序进行举证,最基本的要件就是包含于其中的行政行为要合法。而有些学者认为“平等主体之间的民事权益请求在经过行政裁决后,已经包含并转化为一种行政请求”①。然而这种观点并没有凸显这类案件的最终目标不是确定行政裁决的效力,而是解决当事人的民事争议问题。但是反过来,若仅关注对于案件中涉及的行政请求的处理结果,民事争议并未解决,那么整个案件仍处于不稳定状态和悬而未决的

---

① 马怀德主编:《行政法前沿问题研究:中国特色社会主义法治政府论要》,中国政法大学出版社2018年版,第429~430页。

状态。还有的学者指出具体行政行为被撤销后,若行政机关未能及时合理作出新的行政行为,则仍然会引发新的争议。① 这反映了在民行交叉案件中的一系列连锁反应,实际上在重视结果或者说民事权利的救济下,政府的公权力行为的评价也是至关重要的。因此不能因两种法律关系的交织交融而否认其中任何一方的独立对等性,这是因为当事人主义诉讼制度赖以存在的法理基础,在缺失任何一方的情况下,都会使其法律关系的性质发生实质性的变化。

我国的司法制度因其自身的特殊性,而使其在制度设计时必须充分考量影响因素。“不告不理”的司法原则,使得当事人如未对行政机关的行政行为提起诉讼,民事案件的审理便不能把行政机关纳入诉讼活动中,否则有违法理原则,而只能从证据角度对涉案行政行为进行审查,并据此处理民事争议。我国的司法实践背景与日本的当事人诉讼制度构建的背景和依据截然不同,日本的当事人诉讼制度由法律明确规定,属于行政诉讼的一种,而我国并没有对类似情形进行确定或是规范,而且即便是当事人在民事诉讼中提起行政诉讼,法庭也不能对行政行为进行实质审查并追究其行政责任,因为这样的诉讼行为容易造成司法权侵越行政权的现象。因此,对当事人诉讼制度的引入问题要慎重且适当。我们要充分认识到该诉讼制度对解决行政纠纷,特别是行政确认、行政处分、行政裁决这三类案件的积极作用,但具体制度的引入更要符合中国实际需求,不能用拿来主义解决问题,直接照搬照抄域外模式,并且在制度的具体适用上也要进行充分论证和调研。特别是民事诉讼与行政诉讼两种不同程序的理念和原则不尽相同,如何保障私权与公权的平衡也至关重要,我们

① 参见尤春媛、刘娟:《行政诉讼类型探析——当事人诉讼》,载《山西财经大学学报(高等教育版)》2004 年第 1 期。

应坚持以当事人诉讼请求为限，在特殊情况下可对行政机关的部分行政行为进行必要审查，以确保民行交叉案件处理的公平与公正。

（四）构建高效的多元化纠纷解决机制

在民行交叉案件领域适用多元化解决机制，应当充分发挥技术手段的功用和典型案例的指导作用。坚持以程序多元化和诉讼效益论的理论体系为基础，明确划分交叉案件类型，适用与之相符的程序规范。例如为了更好地处理民行交叉案件，在涉及技术性、复杂性、专业性很强的行政领域，制定及完善相关法律规范，并采取"穷尽行政救济原则"，充分发挥行政复议前置程序的减震调节功能。除此之外，借鉴英美法系中的判例制度，通过健全、统一类型化案例裁判的方式，发挥其对相关案件审判的指引作用。例如，日本在解决民行交叉案件中关于先决问题处理的前置程序规定，就是行政机关实现自我纠错的重要表现，对于维护自身的权威性具有重要意义，同时也有利于提高诉讼效率，充分保障当事人的合法权利。

我国在解决民行交叉案件的争议问题时，应当采取多元化的纠纷解决模式。尤其是域外在解决民行交叉案件的处理机制上，为我国建立符合中国特色的制度安排提供了一定的参考和借鉴。目前，我国针对民行交叉案件诉讼的解决机制尚未形成成熟统一的处理模式，且实践中也没有较为适当的解决方法。因此，实践中针对这类问题的讨论也存在较多的争议，然而对域外各国民行交叉案件制度进行深入的分析和学习，可以为我国完善制度设计提供理论和实践内容的参考。但是需要注意的是，我们在借鉴域外解决机制经验时，必须立足我国实际国情，将民行交叉案件处理机制的设置与我国司法实践的需求紧密相连，构建更有针对性、全面性、多样性的新制度，从而合理地解决民行交叉案件的争议纠纷，并获得更为有效的法律效力和更高的社会影响。

第四章　我国民事诉讼与行政诉讼交叉案件解决机制

第一节　我国处理民事诉讼与行政诉讼交叉案件的制度梳理

一、民行交叉案件争议处理模式的立法沿革

在我国第一部《行政诉讼法》出台以前，我国并无明确的成文法律对行政诉讼法律制度加以规定，有关行政案件的审理制度适用《民事诉讼法》的有关规定，此时行政诉讼的审判程序需借助民事诉讼的审判程序，因此行政诉讼只能依附于既存的民事诉讼法律规则。根据 1982 年全国人大常委会通过的《民事诉讼法（试行）》第 3 条第 2 款规定，[①]有关行政诉讼的制度规定在民事诉讼制度之中。也正因如此，在司法实践中，法官处理纠纷时不可避免地易陷入“民诉”思维，出现行政诉讼法发展的“民诉化”现象，使民事诉讼和行政诉讼两种诉讼程序在功能上既存在一致性，也存在矛盾的关系，在社会纠纷的解决中产生无法避免的问题，间接导致了民事和行政纠纷案件在审判程序方面的冲突。

1989 年是具有里程碑意义的一年，这一年《行政诉讼法》正式颁

---

① 1982 年全国人大常委会通过的《民事诉讼法（试行）》第 3 条第 2 款：“法律规定由人民法院审理的行政案件，适用本法规定。”

布,它标志着我国建立了独立的行政诉讼制度,设立了专门的行政诉讼程序,结束了民行合一的局面。与此同时,我国部分地区的司法机关还专门设置了行政审判庭,如湖南省汨罗县成立了我国第一个基层人民法院的行政审判庭,武汉市中级人民法院成立了第一个中级人民法院的行政审判庭,自此行政案件由享有管辖权的行政审判庭承办,行政纠纷处理直接适用《行政诉讼法》作为处理依据。在实践中,虽然出现了一些涉及行政权力的民事纠纷,如住房管理部门登记的房屋所有权纠纷、涉及婚姻登记效力的离婚纠纷等,部分案件已经通过司法程序得到了妥善处理,但此时市场经济并未高速发展,民行交叉案件还未受到学者们的广泛关注,民行交叉制度尚处于萌芽阶段。当时实施的 1989 年《行政诉讼法》未就此问题进行专门规定,还是借助于民事诉讼的制度解决此类纠纷。

随着时间推移和司法实践需要,我国司法开始意识到民事争议与行政争议之间存在交叉,并结合实践作出相关规定,以 1992 年《最高人民法院关于房地产案件受理问题的通知》(法发〔1992〕38 号)为重要起点。这一时期,我国许多的案件都涉及土地和房屋所有权纠纷,并且大多诉诸法院寻求解决,由于土地或房屋所有权都需要通过房屋管理部门确定,故此类纠纷多为当事人请求法院撤销或者确认房屋管理部门的产权登记。通过整理这一时期法院的判例,民行交叉案件纠纷大量集中于此。根据 1992 年《最高人民法院关于房地产案件受理问题的通知》规定,①我们可以看到我国立法和司法系统尚未敏锐地察觉到房

① 1992 年《最高人民法院关于房地产案件受理问题的通知》(法发〔1992〕38 号)中规定:"一、凡公民之间、法人之间、其他组织之间以及他们相互之间因房地产方面的权益发生争执而提起的民事诉讼,由讼争的房地产所在地人民法院的民事审判庭依法受理。二、公民、法人和其他组织对人民政府或者其主管部门就有关土地的所有权或者使用权归属的处理决定不服,或对人民政府或者其主管部门就房地产问题作出的行政处罚决定不服,依法向人民法院提起的行政诉讼,由房地产所在地人民法院的行政审判庭依法受理。"

地产登记纠纷背后的本质，民事与行政争议交叉问题并未得到系统的回应。

自 1989 年 4 月 4 日《行政诉讼法》正式颁布，1990 年 10 月 1 日起开始施行，我国的行政诉讼经历了从无到有的历程，行政诉讼的内容也随着实践的发展逐渐丰富和成熟，在解决行政纠纷、保障行政相对人的合法权益方面发挥着不可替代的作用。随着我国法治化建设不断深入推进，法治社会对行政诉讼制度提出更高的要求，《行政诉讼法》关于民事诉讼与行政诉讼交叉的处理规定已经无法适应新时代司法实践中出现的新情况、新问题。2000 年最高人民法院公布实施了《最高人民法院关于执行〈中华人民共和国行政诉讼法〉若干问题的解释》（法释〔2000〕8 号）（以下简称《执行〈行政诉讼法〉若干解释》），司法解释出台的目的主要是从司法适用的角度对我国不太成熟的行政诉讼制度进行了一次修正，更好地解决适用过程中的问题。根据《执行〈行政诉讼法〉若干解释》第 51 条第 1 款第 6 项规定，①首次对民事、行政争议交叉案件的处理问题作出相关规定。《执行〈行政诉讼法〉若干解释》的出台，第一次对民行交叉案件处理程序的先后顺序作出了具体规定。虽然“行政纠纷”的条款在范围上仅限于行政裁决类的案件，不能适用行政复议类的案件，适用范围较窄、不广泛，这个司法解释无法解决所有民行交叉纠纷，但《执行〈行政诉讼法〉若干解释》第 51 条第 6 款的规定为行政争议与民事争议交叉案件的审理提供了指导方向，也引发了未来审理方式和探索模式的思考。2002 年最高人民法院行政审判庭《关于对行政

① 《最高人民法院关于执行〈中华人民共和国行政诉讼法〉若干问题的解释》（法释〔2000〕8 号）第 51 条第 1 款第 6 项：“在诉讼过程中，有下列情形之一的，中止诉讼：……（六）案件的审判须以相关民事、刑事或者其他行政案件的审理结果为依据，而相关案件尚未审结的。”

诉讼与民事诉讼交叉引起的审理程序如何处理问题的答复》的规定体现了“处理程序有先后”的思想。[①] 但由于该答复只是最高人民法院行政庭对下级法院的内部答复，性质上属于上级法院对下级法院的业务指导，不是法律或司法解释，效力不具有广泛性和强制性。同时该规定的适用前提是当事人同时提出行政诉讼和民事诉讼。如果当事人只提民事诉讼，根据行政争议不告不理的原则，如果当事人不愿与行政机关正面抗衡，在当事人不起诉的情况下，法院不能依职权主动启动行政诉讼。[②] 除此之外，根据 2007 年出台的《民事诉讼法》第 136 条规定，此处的“另一案”应做扩大解释，不仅指民事案件，也指行政案件，该条对民行交叉案件的处理作了相关规定，从民事诉讼的角度与《执行〈行政诉讼法〉若干解释》遥相呼应。[③] 2021 年修正出台的《民事诉讼法》没有对该条文进行更改，只是更新了条目。该规定虽然为民行交叉案件的处理提供了某种借鉴或指引，但规定尚不具体，指导实践仍存在困难。民行交叉案件的处理方式较为单薄，且只规定了一种形式，具体的操作流程未具体规范，对交叉案件的处理起不到实质性指导和规范作用。

在民事与行政争议交叉的分案处理模式思想萌芽之际，民行交叉一并审理模式也崭露头角。2001 年最高人民法院发布的《关于审理专利纠纷案件适用法律问题的若干规定》（法释〔2001〕21 号）（后

---

① 2002 年最高人民法院行政审判庭《关于对行政诉讼与民事诉讼交叉引起的审理程序如何处理问题的答复》：“根据当时的《民事诉讼法》第 136 条第 1 款第 5 项的规定，当行政诉讼与民事诉讼交叉且行政诉讼的裁判结果是民事诉讼的定案依据或裁判依据时，应中止民事诉讼，待行政诉讼终结后再恢复民事诉讼。”

② 参见梁凤云：《行政诉讼与民事诉讼、刑事诉讼的交叉问题研究》，载《行政执法与行政审判》2008 年第 5 期。

③ 2007 年出台的《民事诉讼法》第 136 条第 1 款第 5 项：“有下列情形之一的，中止诉讼：……（五）本案必须以另一案的审理结果为依据，而另一案尚未审结的。”

经过 2013 年、2015 年、2020 年三次修正)，该司法解释针对对象主要是侵犯专利权纠纷案件，并且在内容上对该纠纷规定了较为明确的审理模式，即使行政部门已作出相关认定，人民法院仍应当就当事人的诉讼请求进行全面审查。该司法解释规定法院在审理涉侵犯专利权纠纷案件时，不需要经过当事人的申请即可对民行交叉案件进行全面审查，这是一项突破性的规定。同时，在该条文适用背景下，“法院可以根据民事诉讼中查明的案件事实推翻行政机关认定的事实”这一规定，对回应当下“能否在民事诉讼中审查行政行为合法性”的问题也具有指导性意义。此后，2002 年最高人民法院针对北京市高级人民法院请示所作的《关于专利法、商标法修改后专利、商标相关案件分工问题的批复》(法〔2002〕117 号)也明确规定，[①]专利、商标民事纠纷中涉及的行政案件由知识产权庭一并审理。此批复开创了“在专利、商标民事诉讼中一并审理行政案件”的先河。[②]

2007 年第十届全国人民代表大会第五次会议通过的《物权法》的实施，完善了物权的归属与利用，促进了以不动产为主的物权交易的发展，对定分止争和物尽其用两个方面产生巨大作用。同时也使得相关的利益争议和纠纷解决机制的问题更加凸显，如因买卖机动车、登记机关登记的物权所有人与实际物权人不符，此引发买卖合同纠纷和物权所有权的归属纠纷，进一步确立不动产登记解决机制和完善具体程序

① 2002 年最高人民法院对北京市高级人民法院请示所作的《关于专利法、商标法修改后专利、商标相关案件分工问题的批复》(法〔2002〕117 号)规定：“确定人民法院审理此类案件的内部分工既要严格执行有关法律规定，又要照顾当前审判实际，避免对涉及同一知识产权的行政审判与民事审判结果发生矛盾。据此，对于人民法院受理的涉及专利权或者注册商标专用权的民事诉讼，当事人就同一专利或者商标不服专利复审委员会的无效宣告请求复审决定或者商标评审委员会的裁定而提起诉讼的行政案件，由知识产权审判庭审理；不服专利复审委员会或者商标评审委员会的复审决定或者裁定的其他行政案件，由行政审判庭审理。”

② 参见杨荣馨主编：《民事诉讼原理》，法律出版社 2003 年版，第 740 页。

被提上议程。首先,2009 年最高人民法院专门下发了《关于当前形势下做好行政审判工作的若干意见》(法发〔2009〕38 号),指出针对行政诉讼与民事诉讼的重叠问题要充分发挥行政诉讼解决民事纠纷的功能优化处理,促进当事人之间矛盾一次性解决,减轻当事人的诉讼负担,提高诉讼效率,防止不同部门之间相互推诿,裁判矛盾的现象。该意见的第 9 条更是明确了不动产登记下民行交叉案件的解决途径。① 随后,2010 年最高人民法院公布了《关于审理房屋登记案件若干问题的规定》(法释〔2010〕15 号)(以下简称《房屋登记规定》),第 8 条规定对于涉及房屋登记的民行交叉案,实施"民事在前,行政在后"的解决规则,先处理民事争议,并将其作为纠纷解决的基础。② 2011 年最高人民法院公布了另一则关于不动产纠纷处理的司法解释,即《最高人民法院关于审理涉及农村集体土地行政案件若干问题的规定》(法释〔2011〕20 号),这对纠纷的解决起到了指引作用。虽然关于民行交叉案件的理论研究起步较晚,但随着实践的发展,立足实际陆续出台的相关规定散见在各司法解释及相关法规中,指导司法实践,为理论研究奠定了基石。

同时,针对行政与民事交叉案件在行政诉讼中长期无法妥善解决的问题,2014 年修正的《行政诉讼法》为一并审理制度开辟了新的道路,其后我国对相关法律制度的完善更是推进了民行交叉纠纷实

① 《最高人民法院关于当前形势下做好行政审判工作的若干意见》(法发〔2009〕38 号)第 9 条:"在受理行政机关对平等主体之间的民事争议所作的行政裁决、行政确权、行政处理、颁发权属证书等案件时,可以基于当事人申请一并解决相关民事争议。"

② 《最高人民法院关于审理房屋登记案件若干问题的规定》(法释〔2010〕15 号)第 8 条:"当事人以作为房屋登记行为基础的买卖、共有、赠与、抵押、婚姻、继承等民事法律关系无效或者应当撤销为由,对房屋登记行为提起行政诉讼的,人民法院应当告知当事人先行解决民事争议,民事争议处理期间不计算在行政诉讼起诉期限内;已经受理的,裁定中止诉讼。"

质性解决,真正减轻了当事人的诉累。2014 年《行政诉讼法》第 61 条正式确立了行政诉讼与民事争议一并审理制度,①该制度作为民行交叉案件的重要处理机制,弥补了立法上的空白。2014 年《行政诉讼法》第 61 条的不足之处是对案件范围进行了限制。2018 年《行诉解释》进一步完善了民行交叉案件的处理规定。具体来说,第 137 条规定了行政诉讼中一并审理民事争议的提出时间,第 138 条规定了法院在行政诉讼中一并审理有关民事争议的审判组织,主要涉及管辖、立案、审判程序和审理期限的内容。第 139 条明确不能一并审理的民事争议的范围,其中第二款是对第 138 条的继续说明,第三款是对民事诉讼制度的承认,第四款则作为兜底性条款。第 140 条至第 144 条规定了审理方式、适用的法律、民事争议的调解、行政争议与民事争议的分别裁判及生效条件、二审程序、诉讼费用等内容。2018 年《行诉解释》的制度设计是推进实质性解决民行交叉争议、完善行政程序的有益尝试,为民行交叉案件审理的理论研究指明了方向,是民行交叉案件审理的实务操作指南。然而,在实践运用中该制度一定程度上处于休眠状态,部分作用尚未有效激活,反映出许多问题,如相关制度设计和关键程序存在缺失,审理程序不规范、存在随意化倾向等。② 该制度的实施是否实现了减轻当事人讼累、避免矛盾判决以及促进争议实质性解决的立法初衷? 回答这一问题,需要我们进一步明确、检视行政诉讼一并审理民事争议制度的运行状态。

---

① 《行政诉讼法》(2014 修正)第 61 条第 1 款:“在涉及行政许可、登记、征收、征用和行政机关对民事争议所作的裁决的行政诉讼中,当事人申请一并解决相关民事争议的,人民法院可以一并审理。”

② 参见北京市第二中级人民法院课题组:《行政诉讼一并审理民事争议研究》,载《中国应用法学》2019 年第 1 期。

在物权实践高速发展的环境下，最高人民法院对涉及物权方面的民行交叉争议也作出了进一步的完善。根据 2020 年《最高人民法院关于适用〈中华人民共和国民法典〉物权编的解释(一)》(法释〔2020〕24 号)第 1 条规定，[①]该条文对于不动产登记的性质和纠纷解决机制加以明确，对不动产登记的相关规则作出了新调整：首先，该条文的隐含之义为“不动产登记纠纷，应当由行政诉讼解决”[②]；但是，存在两种例外，即“不动产物权归属争议”和“登记基础问题”经由当事人申请可以由民事诉讼审理；同时，也存在例外，即将有条件的先民后行转化为行政附带民事诉讼时民事诉讼的禁止。

除了上诉法律、行政法规、司法解释以外，针对民行交叉案件的立法规范也存在于一些单行法中，但规定得不够明确系统。如《土地管理法》(2019 修正)第 14 条的规定不仅蕴含了当事人有提起行政诉讼的权利，[③]也蕴含了当事人在对行政决定不服时，有要求停止侵害、排除妨碍的民事权利。不过该条文中的“对处理决定不服”而起诉究竟是提起民事诉讼还是行政诉讼在学术界仍有一定争议。

通过对我国民事、行政争议交叉的立法沿革进行梳理，不难发现，虽然中国目前的立法规范为民行交叉案件的处理提供了相关的

---

① 2020 年《最高人民法院关于适用〈中华人民共和国民法典〉物权编的解释(一)》(法释〔2020〕24 号)第 1 条：“因不动产物权的归属，以及作为不动产物权登记基础的买卖、赠与、抵押等产生争议，当事人提起民事诉讼的，应当依法受理。当事人已经在行政诉讼中申请一并解决上述民事争议，且人民法院一并审理的除外。”

② 龙卫球：《不动产登记性质及其纠纷处理机制问题研究——兼评〈物权法司法解释(一)〉第 1 条》，载《法律科学(西北政法大学学报)》2017 年第 1 期。

③ 《土地管理法》(2019 修正)第 14 条：“土地所有权和使用权争议，由当事人协商解决；协商不成的，由人民政府处理。单位之间的争议，由县级以上人民政府处理；个人之间、个人与单位之间的争议，由乡级人民政府或者县级以上人民政府处理。当事人对有关人民政府的处理决定不服的，可以自接到处理决定通知之日起三十日内，向人民法院起诉。在土地所有权和使用权争议解决前，任何一方不得改变土地利用现状。”

法律依据,但无论是行政诉讼相关规定的处理模式,还是民事诉讼相关规定的处理模式,法律规定此类案件的审判程序或者审理机制较为宽泛和松散,且没有具体、完整、系统的设计。针对在民事诉讼中能否审查行政行为的合法性问题,一案的审理以另一案的审判结果为依据有何种法律特点加以注意,①民事、行政争议交叉案件是否需要区别对待、特殊处理等热点问题,立法者没有明确规定。针对行政争议与民事争议之间的处理结果为存在前提时,具体的审理程序如何确定,究竟是由民事审判庭和行政审判庭将案件中止、分别审理,还是将案件移送给前提性行为的审判庭,待前提性行为裁决后附带审理另一行为而不必再交由另一审判庭审理,程序上一以贯之,②现行的法律条文也没有作出明确解答。同时,在 2018 年《行诉解释》适用的背景下,也存在行政附带民事诉讼中行政、民事两部分分别立案是否合理,行政附带民事诉讼的具体审理程序仍然较为模糊等问题。总之,当前司法实践中,由于适用标准不一,法院审判仍然处于混乱局面,当民事和行政案件交叉时,有的法院采取先行后民的审判模式,即行政案件先审,行政案件结案后再审民事案件;有的法院由民事审判庭直接审判,然后再由行政审判庭进行审理。现有法律规定无法应对各类民行交叉案件大量涌现的局面,致使司法裁判的混乱与冲突必不可免,对纠纷的依法解决极为不利。

二、民行交叉案件处理的法律依据

(一)行政诉讼中有关民行交叉案件的处理规定

在行政诉讼领域,关于处理民行交叉案件的相关法律规定主要

---

① 参见吴偕林:《民事、行政救济程序交叉问题之解决》,载《法律适用》2007 年第 7 期。

② 参见黄学贤:《行民交叉案件处理之探究》,载《法学》2009 年第 8 期。

有:《行诉解释》第 87 条第 1 款第 6 项的规定,[①]《行政诉讼法》第 61 条规定,[②]《房屋登记规定》第 8 条规定。[③] 当事人对房屋登记的效力发生争议提起行政诉讼的,法院应当向其释明须先解决民事纠纷,故根据《房屋登记规定》,在解决民行交叉案件中,应先审理民事纠纷,再审理行政纠纷。

通过对相关判例研究发现,人民法院在司法实践中存在的主要问题是行政相对人对《行政诉讼法》和《房屋登记规定》规定的具体条件并未全部认可。《行政诉讼法》第 61 条规定,在涉及行政许可、登记、征收、征用和行政机关对民事争议所作的裁决的行政诉讼中,当事人申请一并解决相关民事争议的,人民法院可以一并审理。在审判实践中,部分法院在受理涉及行政争议的案件后,针对双方当事人所提出的民事纠纷部分告知其另行起诉,从而达到通过另一独立的民事诉讼程序解决纠纷的目的。《房屋登记规定》第 8 条规定当事人以作为房屋登记行为基础的买卖、共有、赠与、抵押、婚姻、继承等民事法律关系无效或者应当撤销为由,对房屋登记行为提起行政诉讼的,人民法院应当告知当事人先行解决民事争议,已经受理的,裁定中止诉讼。事实上,基于住房登记的民事案件,解决民事纠纷是当

---

① 《最高人民法院关于适用〈中华人民共和国行政诉讼法〉的解释》(法释〔2018〕1 号)第 87 条第 1 款第 6 项:"在诉讼过程中,有下列情形之一的,中止诉讼:(六)案件的审判须以相关民事、刑事或者其他行政案件的审理结果为依据,而相关案件尚未审结的。"

② 《行政诉讼法》(2017 修正)第 61 条:"在涉及行政许可、登记、征收、征用和行政机关对民事争议所作的裁决的行政诉讼中,当事人申请一并解决相关民事争议的,人民法院可以一并审理。在行政诉讼中,人民法院认为行政案件的审理需以民事诉讼的裁判为依据的,可以裁定中止行政诉讼。"

③ 《最高人民法院关于审理房屋登记案件若干问题的规定》(法释〔2010〕15 号)第 8 条:"当事人以作为房屋登记行为基础的买卖、共有、赠与、抵押、婚姻、继承等民事法律关系无效或者应当撤销为由,对房屋登记行为提起行政诉讼的,人民法院应当告知当事人先行解决民事争议,民事争议处理期间不计算在行政诉讼起诉期限内;已经受理的,裁定中止诉讼。"

事人的重要目的。上述两部法律仅做了原则性的规定,在实践中因当事人的不理解和不认可,没有达到该制度设置的初衷。例如,在一起住房登记案件中,原告 B 和被告 A 是姐妹,其父亲 C 通过公证遗嘱将自己的房子留给了被告 A,在父亲去世后,被告 A 到房地产登记部门办理了过户手续,把房子的主人改为了 A,然后 B 向当地的法院提起了行政诉讼。认为 A 的继承行为无效,房地产登记部门的登记行为在程序上违法。一审法院认为,房地产部门的证明程序违反法律,判决撤销房地产登记部门的行政行为。被告 A 不满判决提起上诉,二审法院认定本案存在继承纠纷,应当根据《房屋登记规定》办理。根据《房屋登记规定》第 8 条,法院应当告知当事人:继承的争议先解决,行政争议应当中止。然而,案件的当事人却不服二审法院的判决,二审法院在调解失败之后恢复了行政诉讼。通过该案件可以看出,行政相对人对该法律条文的认可与否,直接影响着案件的审理效率。法院的目的是先中止行政诉讼,当事人另行提起一个新的民事诉讼,待民事纠纷解决以后再审理行政诉讼。然而由于法律规定的模糊性,当事人的不理解不认同,给法官办案带来了更多的不确定性,最终陷入诉讼拖延的困境。

(二)民事诉讼中有关民行交叉案件的处理规定

我国的《民事诉讼法》对民行交叉案件没有明确规定。例如,现行《民事诉讼法》第 153 条第 1 款第 5 项的规定与《行政诉讼法》第 61 条第 2 款的规定相同,[①]都是限制性规定,并且条款的“另一案”并没有具体指明该案是民事案件还是行政案件。由于我国行政法起步较晚,《行政诉讼法》的颁布也较为滞后。而相关的行政处理机制还

① 《民事诉讼法》(2021 修正)第 153 条第 1 款第 5 项:“有下列情形之一的,中止诉讼;(五)本案必须以另一案的审理结果为依据,而另一案尚未审结的。”

不成熟,对行政诉讼的误解比较多。也有人认为行政机关比较强大,普通的民众胜诉的概率很小,所以普通民众会有一些心理上的恐惧。因此,当当事人拒绝提起行政诉讼时,民事诉讼就失去了以行政诉讼为前提的“土壤”。

2002年最高人民法院在四川省高级人民法院作出批示的基础上,回应了四川省高级人民法院的批示请求,依据是1991年《民事诉讼法》第136条第5项的规定,该条的核心内容就是当案件既涉及行政纠纷又涉及民事纠纷,并且行政的裁判结果作为民事的依据,在这种情况下应当先中止民事诉讼。首先,关于最高人民法院答复效力问题,笔者认为该答复不具有与法律法规的同等效力,也不属于司法解释,只是最高人民法院的内部文件,对下级法院的审判业务具有指导作用。其次,该答复还有一层含义,即在诉讼过程中,当事人依据诉讼的相关原则而非依据诉讼法的规则提起诉讼时,经法院询问当事人是否愿提起诉讼,如非当事人意愿,则人民法院不应提起行政诉讼。从以上例子可以看出,无论是《行政诉讼法》还是《民事诉讼法》对民事和行政交叉案件均没有具体规定,因此民事和行政交叉案件的处理在法律层面仍处于空白状态,法官在这种情况也存在较大的不确定性,当事人维权也存在巨大障碍。

(三)民行交叉案件处理立法现状评析

随着国家经济的发展,出现了公权与私权的重叠、行政和民事法律的相互渗透、民行交叉案件不断增加的现象。我国的《行政诉讼法》与《民事诉讼法》都没有对民行交叉案件的处理作出具体规定,现行的法律规定已经无法满足实践的需要。从《行诉解释》第87条第1款第6项、[1]《房屋登记规定》第8条规定可以看出，[2]该司法解释立足于公法与私法、实体与程序分离，并且根据行政和民事诉讼规定的不同诉讼制度，在不同的审判组织下单独审判。《行诉解释》的出台在弥补法律漏洞方面发挥了很大的作用，因为在实践中出现了很多无法可依的民行交叉案件，法官在审判案件时，在罪与非罪之间摇摆不定。但毕竟司法解释的作用是有限的，它无法解决法律规定之间的冲突，还有很多案件我国在立法上是空白的，所以对立法空白方面的问题仍然无法解决。因此，在司法实践中面对复杂的民行交叉案件时，如果出现了法律规定不一致的情况，最好的办法就是提请人民法院共同审理。通过对司法实践中的案例进行考察，笔者认为，法院在处理民行交叉案件时，应该允许考虑案例所需的各种条件，主要是按照传统平行制度中的单一规则和双重规则进行判断。但是从程序的角度出发，法院无论是采用哪种程序，行政诉讼程序与民事诉讼程序都有其不可或缺的缺陷。这从侧面反映出民行交叉案件难以解决的问题长期存在，在实践中法官的裁判思路和结果迥异，最后结果就是民行交叉无法彻底解决，无法实现良好的社会效果。[3] 可以看出，单一原则和双重原则均无法彻底解决民行交叉问题。在现有的法律制度下，如何建构符合实践需要的民行交叉的处理规则是值得考虑的重要问题。

---

① 《最高人民法院关于适用〈中华人民共和国行政诉讼法〉的解释》（法释〔2018〕1号）第87条第1款第6项：“在诉讼过程中，有下列情形之一的，中止诉讼：（六）案件的审判须以相关民事、刑事或者其他行政案件的审理结果为依据，而相关案件尚未审结的。”

② 《最高人民法院关于审理房屋登记案件若干问题的规定》（法释〔2010〕15号）第8条：“当事人以作为房屋登记行为基础的买卖、共有、赠与、抵押、婚姻、继承等民事法律关系无效或者应当撤销为由，对房屋登记行为提起行政诉讼的，人民法院应当告知当事人先行解决民事争议，民事争议处理期间不计算在行政诉讼起诉期限内；已经受理的，裁定中止诉讼。”

③ 参见孟祥苓：《民行交叉案件的审判模式完善》，吉林大学2017年硕士学位论文。

民行交叉案件缺乏立法规定的原因很多,既有现实原因,也存在理论研究的原因。我国的民行交叉理论研究很薄弱,理论界虽然有一些观点和基础理论,但学者的观点各不相同。通过对相关文献的总结,总结出了三种相关民行交叉学说:独立说、附带解决说、综合解决说。独立说的主要观点内容是民行交叉存在复杂性,要想彻底解决必须借助二元分离理论,人民法院在审理民行交叉案件时首先研究的是此类案件的性质,对案件性质的研究至关重要,这个过程主要由人民法院的民事审判组织和行政审判组织共同完成,在对案件定性之后,确定采用何种程序审理,最后就是将案件的相关争议吸收到诉讼程序当中,由审判组织进行一并审理。通过对该理论的研究,主要总结出了两种审判方法,一种是民事吸收行政;另一种是行政吸收民事。从理论上讲,在主诉讼与其他诉讼之间存在难以区分的情况下,应该根据案件的具体情况进行针对性的处理。从现有的理论研究上看,理论界很多学者对民行交叉案件进行研究,但研究效果不够深入,常被忽略,而被忽略的原因主要是学者没有对民行交叉案件的实体法律关系进行深入研究。

在民行交叉案件中,存在程序匮乏、理论成果和实践脱节的问题,从而在现实中的大量实务问题得不到解决,最终影响法律的权威和正义。只有在不断的实践经验总结和深入的理论研究中,才能更好地建立一个良好的处理规则,这样才能更好地维护当事人的诉讼权益,促进司法审判的公正,做到同案同判。

第二节　我国解决民事诉讼与行政诉讼交叉案件的司法现状

如前文所述,在目前的司法案件中,我国民事诉讼与行政诉讼交叉案件的数量日益增加,这类纠纷的妥善处理对于维护当事人的合法权益、树立司法权威具有深远意义。然而,迄今为止,我国虽有个别法律条款规定了相关内容,但缺乏完整性、系统性的操作规定,理论上也没有形成统一的指导性意见,实践的运行缺少法律依据,对于民行交叉案件到底应该采取何种解决方式,理论界和实务界仍在探索和尝试。鉴于此,在当下的司法实践中,全国法院系统暂时尚未形成关于民行交叉案件的统一的、成熟的解决机制,针对同一类民行交叉案件的处理,不同地区、不同法院、甚至同一法院内部也会出现操作不一致的情况,不利于司法公信力的维护。

笔者认同马怀德先生的观点,民行交叉案件的案情大多相当复杂,所以处理程序应该具有灵活性和多样性,应当考虑多方面的因素,根据案件的实际情况采用最适合的处理程序。[①]

一、先行政诉讼、后民事诉讼模式

先行政诉讼、后民事诉讼模式简称先行后民模式,在司法实践中是一种十分常见的做法。在先行后民处理模式中,纠纷主要发生在平等主体之中,在此类案件中,虽然争议的焦点问题是民事问题,但是在诉讼中确定行政行为是否合法,是民事纠纷解决的基础。司法机关在处理以行政行为的合法性为前提的民事纠纷中,应当先中止民事诉讼,待行政诉讼程序对相关行政行为进行审理后,裁决行政行为的合法性问题,再据此对民事案件进行下一步审理和裁决。

若对行政行为的合法性存有异议的当事人,没有另行提起行政诉讼,那么在民事诉讼中如何处理该行政行为呢?针对该热点问题,理论界和实务界有着不同的主张,主要有以下三种观点:一是认为人

---

① 参见马怀德主编:《行政诉讼原理》(第2版),法律出版社2009年版。

民法院在处理民事纠纷的过程中,应当依据查清的事实、证据和法律规定作出相应的民事裁判,而对行政行为的审查予以适当的规避,但该主张容易造成行政和民事的矛盾裁判,导致诉讼循环往复;二是认为人民法院在民事诉讼过程中,应当直接将其作为裁判的依据,并没有权力认定行政行为是否合法,但该主张有可能会造成错误裁判;三是认为人民法院在民事诉讼过程中可以审查行政行为的合法性。因为民事诉讼当事人通常将行政行为作为证据提出来支持自己的诉讼请求,从理论层面上来说,对行政行为的审查是符合证据审查规则的;同时,从本质上来说,无论是行政审判庭,还是民事审判庭,都是国家司法机关在行使司法权,究其根本只不过是法院的内部分工问题,他们之间并非矛盾对立关系。我们不能因民事审判庭审查了行政行为的合法性,就认定侵犯了行政审判庭的审判权。① 此外,2022年通过的《民诉解释》第114条对行政机关公关文书的效力做了规定,②国家机关或者其他依法具有社会管理职能的组织在其职权范围内制作的文书所记载的事项推定为真实,但有相反证据足以推翻的除外。必要时,人民法院可以要求制作文书的机关或者组织对文书的真实性予以说明,依职权核实。

先行后民模式的产生也有其深刻的思想根源:很多学者认为,行政问题的解决是民事问题解决的逻辑前提,也就是说行政问题没有解决时,民事问题是无法进行解决的。同时先行后民模式的产生也受到"先刑事后民事"思路的启发,即行政行为具有公定力,它意味着

---

① 参见江伟、范跃如:《民事行政争议关联案件诉讼程序研究》,载《中国法学》2005年第3期。

② 《最高人民法院关于适用〈中华人民共和国民事诉讼法〉的解释》(法释〔2022〕11号)第114条:"国家机关或者其他依法具有社会管理职能的组织,在其职权范围内制作的文书所记载的事项推定为真实,但有相反证据足以推翻的除外。必要时,人民法院可以要求制作文书的机关或者组织对文书的真实性予以说明。"

“行政行为一经作出，即对任何人都有被推定为合法有效而予以尊重的法律效力”，“行政行为即使违法，在有撤销权的主体将其撤销前，任何人（个人、法院或行政机关）都不得否认其法律约束力”①。公定力是一种对世效力，约束包括法院在内的“任何人”；公定力是行政行为一经作出即被“推定为合法有效的力”，在行政诉讼法中，变更、撤销行政行为只能经过行政复议和行政诉讼两种途径，也就是说，法院在审理民事案件的同时，没有权利对行政行为的合法性进行判断，更不能变更、撤销行政行为。

我们要辩证看待“先行后民”的解决机制在司法实践的作用。它的优点在于：“先行后民”的分案审理方式，一方面符合法院内部的职能分工，民事审判庭与行政审判庭的审判职责明确，有助于案件处理的专业化；另一方面，与正当程序原则相一致。按照顺序分别处理行政和民事案件，原因在于即使两者存在一定的关联性，但实质上仍然是两个相对独立的案件，分开处理有利于保障案件的公正性。事实上分开处理也会存在一些不可忽视的弊端，其中诉讼进程反复甚至拖延就是众多弊端中最为突出的。一个行政案件的司法程序，即使案件仅经历过一审程序，那么走过立案、审理、判决阶段，仍然需要历时至少半年的时间，而且大部分案件还会经历二审，或者再审的程序，案件历经的时间是无法确定的。而先行政后民事的解决机制，民事案件只能在行政案件结案后，才能恢复审理，那么本为一个行政行为产生的两个纠纷，一前一后的审判模式就有可能因不断拖延造成当事人的诉累。

为了避免诉讼过分拖延的弊端，我们可以尝试赋予法院这样一

① 方世荣、羊琴：《论行政行为作为民事诉讼先决问题之解决——从行政行为的效力差异进行分析》，载《中国法学》2005年第4期。

种权力，即当法院在对民事案件审理的过程中发现行政决定违法，法院有权撤销行政行为，且可以对行政行为出现的问题作出直接的判断。但在我国现行的法律中，人民法院仅有权变更“行政处罚显失公正”下作出的行政行为，其他情况人民法院仅可以撤销行政行为，而不能变更行政行为，从司法实践的需求来看，这种权力似乎应适当加以扩大。但是我们也要注意这种扩大必须节制，因为变更判决意味着“司法代替行政”，因此我们不难推测仍然会有相当多的案件无法通过司法获得顺利解决。

【典型案例】

司法实践中，先行后民处理模式经常被应用于解决相邻权案件纠纷，陈某忠与夏某忠相邻关系纠纷案件的审理便体现这一模式。[①]该案审理法院对以行政行为合法性为前提的民行交叉案件的审理遵循了先行后民的裁判思路，在作为前提的行政争议尚未得到解决之前不进行对民事纠纷的审理，防止民事判决实质不公。

基本案情：原告陈某忠与被告夏某忠系邻里关系，双方共同居住于原有五套整体建筑物之内。2018 年年底，被告在未经原告同意的情况下擅自拆除自有房屋和共用墙体，导致原告房屋整体结构受损。并且在未经行政许可的情况下，在原有房屋基地上，自建四层住宅楼，并占用部分公共空间和通道。原告认为被告的行为侵犯了其通行权、通风权、采光权和公共空间共有权利，使其出行及居住受到严重影响，侵害了其合法权益，故请求法院判决被告拆除自建违法建筑，恢复原告合法权益，并提供了相关证据。被告则辩称，原告证据不足，诉讼不能成立。涉案房屋属于历史原因的自然村庄，房屋未进

---

① 参见《陈某忠与夏某忠相邻关系纠纷一审民事裁定书》，载北大法宝，(2020)浙 0781 民初 5623 号，http://pkulaw.com/pfnl/c05aeed05a57db0acf8f6940309a12f79ec4f92662bf4234bdfb.html，最后访问时间：2022 年 5 月 18 日。

行事先规划，原告无证据证明采光时间、通风程度。

裁判结果：法院认为，在民事案件相邻权纠纷中，关于“拆除违法建筑”纠纷应当适用先行后民原则，由于被告的行为侵犯了原告的通行权、通风权、采光权和公共空间共有权利，人民法院应对属于“无法采取改正措施”的违法建筑的情形进行审查，应当由行政机关依职权进行这种情形的审批。本案被告未经行政机关审批所建房屋系违法建筑，应当先由政府有关部门决定是否拆除，故驳回原告的起诉。

二、先民事诉讼、后行政诉讼模式

先民事诉讼后行政诉讼，简称为先民后行模式，是指在涉及民事争议与行政争议交叉的问题时，民事争议的处理结果是处理行政争议的前提，司法机关就应该先处理民事争议，再处理行政争议。这种处理模式的特点是：民事法律关系是行政争议的基础，民事争议的解决是行政争议解决的前提，行政行为的合法性在不解决民事争议之前，就不能确定。这类处理方式在各类行政确权案件中十分常见。例如，《房屋登记规定》第 8 条便规定了对房屋登记的行为基础有争议时，①应采取民事先行的原则。先民后行的处理模式，在司法实践中，因为形式审查本身的局限性，对于相关的民事诉讼、行政诉讼的结论有时候并不能带来所期待的便利。所以为了解决实质性纠纷，人民法院可以在行政、民事两者平行诉讼的前提下，中止行政诉讼，先对双方争议的民事诉讼作出判定，在诉讼中采用先民事诉讼后行政诉讼的解决机制，在一定程度上维护法院判决的统一性。

---

① 《最高人民法院关于审理房屋登记案件若干问题的规定》（法释〔2010〕15 号）第 8 条：“当事人以作为房屋登记行为基础的买卖、共有、赠与、抵押、婚姻、继承等民事法律关系无效或者应当撤销为由，对房屋登记行为提起行政诉讼的，人民法院应当告知当事人先行解决民事争议，民事争议处理期间不计算在行政诉讼起诉期限内；已经受理的，裁定中止诉讼。”

当然这种解决机制在实际应用过程中也存在一定的缺陷，其中最重要的问题是关于中止的问题，行政诉讼中止后实践中很难恢复。例如，在行政确权类案件中，法院依法中止行政诉讼后，在当事人未另行提起相关民事诉讼的情况下，关于行政诉讼如何恢复的问题没有明确的规定，但实践中一旦发生了这种情形，长时间的中止会带来严重的后果，当事人的权利义务关系长期处于不确定性的状态，影响当事人不动产的正常流转，同时也会对行政行为的效力产生不利影响。

【典型案例】

先民后行处理模式的典型适用为解决不动产登记纠纷。我国目前的不动产登记审查原则是形式审查为主，实质审查为辅。在司法实践中，涉及不动产登记的纠纷可以通过先民后行、有序衔接的方式予以解决。包某诉某市规划和自然资源委员会不动产抵押登记案就涉及先民后行解决机制的运用，[①]该案的审理难点在于，在审理过程中认定与贯彻民事法律关系是保障行政裁判结果正确的关键。

基本案情：包某与王某系母子关系，涉案房屋原登记的房屋所有权人为包某。2017 年 4 月 21 日，王某向某市规划和自然资源委员会申请办理房屋所有权转移登记，提交了房屋所有权证、房屋所有权转移登记申请书、公证书等材料，要求将房屋所有权登记至其名下。其中公证书中载明，“包某因病死亡，其遗产由王某继承”。某市规划和自然资源委员会经审核将涉案房屋转移登记至王某名下并向其颁发不动产权证书。后王某于 4 月 24 日与袁某共同向某市规划和自然资源委员会申请办理涉案房屋抵押权设立登记并共同办理登记手

① 参见《包某诉某市规划和自然委员会不动产抵押登记案》，载北大法宝，(2019)京 03 行终 890 号，https://pkulaw.com/pfnl/c05aeed05a57db0a9f1811884c7298252238e9991b30e5e0bdfb.html，最后访问时间：2022 年 6 月 10 日。

续。二人向某市规划和自然资源委员会提交了王某为房屋所有权人的不动产权证书、二人订立的主债权及不动产抵押合同(不动产登记专用)、二人身份证信息、王某出具的委托袁某领取他项权力证书的委托书等登记材料。某市规划和自然资源委员会收取上述材料并于当日受理申请,经审核准予申请,并颁发被诉不动产登记证明。

包某得知房屋被转移登记至其子名下后向法院提起撤销之诉,并提交公证处出具的公证书核实函,证明王某向某市规划和自然资源委员会提交的公证书申请人并非王某。案件经一、二审程序后,法院认为转移登记行为不具有事实根据,判决撤销了该房屋所有权转移登记行为。后包某以权属转移至王某名下的登记行为违法、已被生效判决撤销为由向法院提起本次诉讼,请求撤销某市规划和自然资源委员会于2017年4月24日办理的不动产抵押登记及不动产登记证明。

该案的审理焦点是权属转移至抵押人名下的转移登记系违法办理且已被生效判决撤销,是否足以导致后续不动产抵押登记被撤销。

裁判结果:北京市朝阳区人民法院经审理认为,王某、袁某作为抵押人和抵押权人共同向某市规划和自然资源委员会提出涉案房屋的抵押权登记申请,并提交了形式上能够证明王某为涉案房屋所有权人、王某与袁某订立了债权债务合同并约定在涉案房屋上设定抵押权以保证债权实现的申请材料。某市规划和自然资源委员会已经履行了法定审查义务和程序,在申请人提交材料齐全且形式真实、具备相应证明力的情况下作出的登记行为符合法律、法规及规章的规定。尽管在本案审理中,被诉不动产抵押登记所依据的不动产权属证书已被生效判决撤销,但没有证据证明被诉不动产抵押登记所依据的基础民事法律行为虚假,即第三人袁某与王某之间的债权、债务关系虚假、抵押权设定不真实,双方之间的抵押民事法律行为无效或者可撤销,仅凭法院已撤销不动产登记机构就涉案房屋由包某转移登记至王某名下的登记行为这一事实,不足以撤销被诉不动产抵押登记行为。因此包某的诉讼理由不成立。

三、民事诉讼与行政诉讼各自独立模式

民事诉讼与行政诉讼各自独立模式与前述先行后民、先民后行模式的最主要的区别是:民事诉讼与行政诉讼之间并未进行沟通交流,各自独立分别进行诉讼程序,即民事案件由民事审判庭独自处理、行政案件由行政审判庭独自处理,双方之间不进行沟通以及信息的互通。在民事诉讼中也涉及依据行政裁决或行政确认文书等作为证据使用,依法作出民事判决。当事人如果对已生效民事判决和行政判决的一致性存在异议时,只能通过审判监督程序来救济。

这种模式在实践中也有较多的应用,并得到了许多权威判例的支持。但在理论研究中,这种模式并未引起学者们的高度重视。1994 年最高人民法院在对广东省高级人民法院《关于审理企业开办的其他企业被撤并后的经济纠纷案件是否适用国发〔1990〕68 号文规定的请示》的批复中,关于企业开办的其他企业被撤销或者歇业后民事责任承担的问题所作的说明,[①]明确了对于企业的法人资格问题,行政机关已经通过颁发营业执照的方式给予肯定的,在民事案件的审理中,如果法院对企业的法人资格仍有异议,法院对此具有最终的、独立的认定权,而不受先前行政行为的约束。此外,《最高人民法院关于审理商标民事纠纷案件适用法律若干问题的解释》(法释

---

① 最高人民法院《关于审理企业开办的其他企业被撤并后的经济纠纷案件是否适用国发〔1990〕68 号文规定的请示》的回复:人民法院在审理案件中,对虽然领取了企业法人营业执照,但实际上并不具备企业法人资格的企业,应当依据已查明的事实,提请核准登记该企业法人的工商行政管理部门吊销其企业法人营业执照。工商行政管理部门不予吊销的,人民法院在审理案件中对该企业的法人资格可不予认定。

〔2020〕19 号)第 22 条有类似的规定,[①]这些规定是这一处理模式的法律依据。这几个典型的法律规范及批复表明,人民法院在审理民事纠纷案件时,行政机关之前作出的行政行为,并不必然成为民事纠纷判决的依据。法院对于有异议的行政行为具有最终的、独立的认定权,先前行政行为对其并没有约束力。

法院独立行使审判权的这种方案有其天然的优势:相比较于先行政后民事的处理模式,分别由行政审判庭和民事审判庭独立审判,在一定程度上效率是必然会提高的。但是,任何事物都是有两面性的,这种模式的也有着不可忽视的不足之处,即民事诉讼中,容易产生行政执法和司法审判的冲突矛盾,具体来说,在民事争议案件的审理中,之前的行政行为没有限制或者约束到案件中行政行为的,相应的冲突矛盾就可能存在于民事判决与先前的行政决定之间,从而使得司法的公信力受到严重影响。假若民事案件的裁判和作为公权力运作的行政行为,出现了相互矛盾的法律行为,会破坏其公信力,对普通大众来说,任何矛盾的公权力行为都会引起普通大众的不认同感。因此,这种模式如果想要在实践中得到广泛的应用,就不得不受到更多的限制。

四、行政诉讼中一并审理民事争议模式

在民法与行政法不断相互渗透,民行交叉案件逐渐增多且愈演愈烈的当下,先民后行或先行后民的分案处理模式已经不能满足司法实践的需要。行政诉讼中一并审理民事争议模式的运用和完善,

---

① 最高人民法院《关于审理商标民事纠纷案件适用法律若干问题的解释》(法释〔2020〕19 号)第 22 条:“人民法院在审理商标纠纷案件中,根据当事人的请求和案件的具体情况,可以对涉及的注册商标是否驰名依法作出认定……当事人对曾经被行政主管机关或者人民法院认定的驰名商标请求保护的,对方当事人对涉及的商标驰名不持异议,人民法院不再审查。提出异议的,人民法院依照商标法第十四条的规定审查。”

对减少矛盾裁判、避免循环诉讼、提高诉讼效率和节约司法资源起到关键性作用。行政诉讼中一并审理民事争议模式，也被称为行政附带民事诉讼模式，[①]具体是指人民法院在审理行政案件过程中，经当事人申请，针对与行政案件有关联的民事案件作出裁判的诉讼活动。《行政诉讼法》第 61 条将行政案件的范围限定为涉及行政许可、登记、征收、征用和行政机关对民事争议所作的裁决的案件，并且采取当事人申请和法院可以一并审理的双重适用条件，为当事人和司法机关适用该模式提供原则性的指引和程序性的保障。

从实质上来说，行政诉讼中一并审理民事争议模式是将几个性质不同但却相互关联的纠纷合并到同一种诉讼程序中。其成立的适用条件非常严格：第一，合并审理的基础条件是需要有既已成立的行政诉讼。如若人民法院裁定不予受理或驳回当事人行政诉讼的提请，也就不存在提起附带民事诉讼的后续问题，而因此存在的民事争议，则需要单独向人民法院提起另外的诉讼请求。第二，关联性是行政争议与民事争议合并审理的关键要素，不是所有的民事争议都能被申请合并到行政案件一并审理。只有当事人的民事诉讼请求与行政诉讼的行政行为的合法性相关联时，当事人才能附带提起民事诉讼。[②] 这里有两种情形：一种是同一行政行为引起了行政与民事两个不同性质的争议；另一种是民事案件的审理以行政案件的审理结果为裁判依据。第三，附带审理的民事诉讼应当严格实行“不告不理”的原则，也就是说，人民法院在审理案件时不能主动适用附带审理的职权，而是需要由当事人在行政诉讼或民事诉讼过程中自行提起。

---

① 参见应松年主编：《行政诉讼法学》（第 6 版），中国政法大学出版社 2015 年版，第 192 ~ 193 页。

② 参见姜明安主编：《行政法与行政诉讼法》（第 7 版），北京大学出版社 2019 年版，第 550 ~ 552 页。

如此,一方面,可以保障当事人的程序选择权,另一方面,当事人也可以通过另行提起民事诉讼进行相关救济,不会损害当事人的实质性权利。然而,民事争议纠纷的结果作为行政争议解决的基础条件时,如当事人没有向人民法院提出合并审理的请求,而只是提起行政诉讼,那么人民法院应当适时充分承担其释明的义务,以保障当事人在诉讼中的合法权利。需要注意的是,当事人就民事案件情况提起其他的诉讼请求,并由人民法院已经立案的,人民法院则应当采取行政诉讼审理的中止程序。

一并审理民事争议模式是以案件中的事实或行为涉及民事争议为由,同时向法院提起民事诉讼并提出与行政案件一并审理的申请,审理该行政案件的法院受理当事人提出的申请后,由同一合议庭将行政案件与民事案件同时进行审理、分别作出裁判的法律制度。一并审理民事争议模式能够更好地促进纠纷实质性解决、实现效益最大化。一并审理民事争议模式的价值主要体现在以下两个层面。

(一)节约诉讼成本,减少当事人的诉累

民行交叉案件中涉及多个性质不同的诉讼,在民事争议的解决是行政争议解决的先决条件时,当事人如果另行提起民事诉讼,民事审判庭对该案件的处理至少需要经过一个一审的程序,由于一审、二审的审限,民事案件结果的确定需要半年以上的时间,行政案件在此期间便一直处于中止审理,造成了诉讼的过分拖延。如果将两个具有联系的民事争议与行政争议合并审理,很大程度上可以提高效率,节省法院和当事人的人力、物力、财力,符合诉讼经济原则,节约诉讼成本,减少当事人的讼累。

(二)确保裁判统一,维护司法权威

一并审理模式中的民事争议和行政争议是仅有关联关系,实质上相互独立的,当事人可以针对民事争议提出独立诉讼,针对行政争

议提出另一个独立诉讼。但是,将两个有关联的行政案件和民事案件分别通过不同类型的诉讼程序进行分案审理,对同一事实作出的认定有时会不一致,有可能行政判决和民事判决会相互矛盾,司法的确定性和权威性会受到一定程度上的质疑,一并审理有助于审判人员在全面了解案情的基础上统筹兼顾,避免出现审判冲突的情况。

2022 年《民诉解释》对行政诉讼中一并审理民事争议模式的审理程序有了具体规定,在很大程度上有助于推动一并审理民事争议模式步入一个发展新阶段。制度建设主要体现在:首先,提出一并审理的时间要求,为了防止突袭的诉讼产生,申请合并审理的请求应当在一审开庭审理前提出,另外,若当事人存在其他正当理由,也允许其在审理中的调查阶段提出。其次,在行政争议作为民事争议的基础前提下,合并审理的请求当事人没有提出的,释明的义务则必须由人民法院完成。再次,人民法院在依法审理和裁判民事纠纷时,当事人若依法达成调解协议,人民法院不能将当事人认可事实或者处分民事权益的法律效力,作为审查被诉行政行为合法性的根据。接下来,人民法院还可以进行合并审理,即行政诉讼审理时民事争议并入的情况下,为了案件审理不出现矛盾,单独立案的民事争议,也可以实现由同一审判组织审理。最后,人民法院合并审理民行案件时,应当同时对民事和行政争议的裁决问题,作出相应处理,即"同审同裁",而不可以另行立案裁判,但裁判的内容应当做到分别裁判,仔细审查避免出现遗漏。如果发现未上诉部分确有错误,无论当事人对民事判决、还是行政判决中任何一部分提出上诉,二审都应当对行政部分和民事部分进行全案审查,通过审判监督程序予以纠正,等等。这些制度的增设给司法实践中民行交叉案件的处理提供了重大的指导,是我国完善司法制度的重大进步。

尽管 2022 年《民诉解释》对一并审理民事争议模式进行了一定

的程序规制,但该模式在我国仍然处于起步阶段,相关审理机制并不健全,对于司法实践的指导作用相对有限。首先,民事诉讼和行政诉讼在具体诉讼制度方面存在较大差异,使两个诉讼程序步调一致并非一件容易的事。其次,本次修法中对于一并审理模式的受案范围虽然较之前有所扩大,增加适用为涉及行政登记、许可、征收、征用和行政裁决的行政诉讼案件,但是,它继续采用了穷尽式的列举方式。未来,应当采用概括式与列举式相结合的办法,进一步明确和扩大模式适用范围。

【典型案例】

土地、山林等自然资源权属纠纷,属于典型的行政裁决案件。2022 年《民诉解释》进一步规定,审理行政机关对民事争议所作裁决的案件,一并审理民事争议的,无须将民事争议另行立案,可以一并审理民行争议的方式化解行政裁决引发的纠纷。为了在行政诉讼中实质化解争议,广西壮族自治区隆林各族自治县新州镇民强村民委员会江管农业经济合作社与广西壮族自治区隆林各族自治县人民政府等山林确权裁决复议纠纷案件,再审法院在审理中认为被诉行政裁决行为违法、裁决结果错误,[①]且根据现有证据能够确定争议地的权利归属,于是根据《行政诉讼法》第 77 条的规定作出变更判决,[②]直接确定争议地的权利归属,节约司法和行政资源,提高诉讼效率,减少了当事人的诉累。

---

① 参见《广西壮族自治区隆林各族自治县新州镇民强村民委员会江管农业经济合作社与广西壮族自治区隆林各族自治县人民政府等山林确权裁决复议纠纷案》,载北大法宝,(2019)最高法行再 134 号,https://www.pkulaw.com/pfnl/a6bdb3332ec0adc4738e98a4a83adc640364f302ce4cff2fbdfb.html,最后访问时间:2022 年 6 月 14 日。

② 《行政诉讼法》(2017 修正)第 77 条:“行政处罚明显不当,或者其他行政行为涉及对款额的确定、认定确有错误的,人民法院可以判决变更。人民法院判决变更,不得加重原告的义务或者减损原告的权益。但利害关系人同为原告,且诉讼请求相反的除外。”

基本案情：该案中各方当事人争议名为“可六”的土地，面积43.5亩；争议各方为隆林各族自治县人民政府、广西百色市政府、隆林县新州镇民强村民委员会农业经济合作社（以下简称我社）、广西壮族自治区隆林各族自治县新州镇民强村民委员会江管农业经济合作社（以下简称江管社）、隆林县新州镇民强村民委员会南林农业经济合作社（以下简称南林社）。我社、江管社对争议地全部面积主张权属，南林社对争议地中的7.95亩主张权属。

1954年原隆林联合自治区政府向我社部分村民颁发5份土地房产所有证。1981年原隆林县革命委员会向江管社颁发林权证。1990年广西壮族自治区政府向我社两位村民颁发集体土地建设用地使用证，之后两位村民在争议地上各建一栋住宅楼。2003年隆林县政府向我社部分村民颁发8份土地承包经营权证。2000年隆林县新州镇民强村人民调解委员会作出调解书，针对权属纠纷，因为江管社持有林权证，确认争议地归其所有。2011年新州镇政府的现场勘验笔录有这样的记载：我社从土改、合作化、四固定、1982年实行生产责任制至今，一直在争议地内耕种。2012年隆林县政府作出隆政处（2012）2号处理决定（第一次确权），将争议地确权归我社所有。后隆林县政府将该决定撤销。2013年隆林县政府组织各方当事人再次现场勘验，确认：1.江管社提交的林权证四至范围涉及争议地；2.我社提交的5份土地房产所有证、8份土地承包经营权证、两位村民所建两栋住宅楼四至范围均涉及争议地；3.南林社提交的3份土地房产所有证指认不出具体位置，后来经过有关部门鉴定，8份土地承包经营权证的公章用印时间和实际时间不符。

2014年隆林县政府作出隆政处字（2014）1号处理决定（第二次确权），决定：争议地归江管社所有；撤销8份土地承包经营权证中涉及本案争议地的部分。百色市政府复议维持上述决定。我社不服，诉至法院。隆林县人民法院(2015)隆行初字第5号行政判决认为,江管社持有的林权证所需要的要素并不齐全,不能作为确权依据,遂判决撤销隆政处字(2014)1号处理决定。江管社不服,提起上诉。百色市中级人民法院(2015)百中行终字第78号行政判决认为,隆政处字(2014)1号处理决定未将持证人列为当事人即撤销8份土地承包经营权证,程序违法,所以判决撤销一审判决和隆政处字(2014)1号处理决定,责令隆林县政府重新作出处理决定。2016年10月28日,隆林县政府作出隆政处(2016)4号处理决定(以下简称4号处理决定),即本案被诉行政行为(第三次确权),决定:争议地归江管社所有。百色市政府作出百政复决字(2017)第7号复议决定(以下简称7号复议决定),维持4号处理决定。我社不服,提起本案诉讼,请求撤销4号处理决定、7号复议决定,撤销江管社持有的林权证,责令隆林县政府重新处理。

百色市中级人民法院一审认为:我社持有的5份土地房产所有证虽涉及争议地,但已失去法律效力;8份土地承包经营权证真实性存疑;江管社以林权证主张权属,有事实和法律依据,4号处理决定将争议地确权归江管社所有正确。遂判决驳回我社的诉求。我社不服,提起上诉。广西壮族自治区高级人民法院二审判决撤销一审判决、4号处理决定、7号复议决定,由隆林县政府重新作出处理决定。

最高人民法院再审审查认为,二审判决在查清案件事实、证据充分情形下,未对争议地权属直接作出判决,而是判决隆林县政府重新作出行政行为,有违行政诉讼法实质化解行政争议的立法目的,可能存在适用法律和判决方式不当,裁定提审。最高人民法院认为,基于我社提交的5份土地房产所有证和长期管业事实,可以确认争议地应属于我社集体所有。根据《行政诉讼法》第61条第1款和《行诉解释》第140条第2款关于审理行政裁决案件,一并审理民事争议不另行立案的规定,同时结合自然资源确权行政裁决行为涉及款额的确定符合变更判决适用条件，依照《行政诉讼法》第 77 条第 1 款、第 89 条第 1 款第 2 项和第 3 款[①]以及《行诉解释》第 119 条第 1 款的规定作出再审判决：[②]撤销一、二审行政判决，撤销 7 号复议决定，变更 4 号处理决定关于争议地的权利归属的内容，争议地"可六"面积 43.5 亩属我社农民集体所有。

五、民行交叉案件审理模式的新发展、新探索

民行交叉案件问题复杂，理论研究难度很大，司法实践中面临的问题更多、更复杂，面对当前的困难和不断出现的新问题，实务界一直在不断地探索和尝试。司法实践中处理民行交叉案件的两类新探索主要体现在以下几个方面。

（一）行政附带民事公益诉讼

行政附带民事公益诉讼是行政附带民事诉讼的自然延伸，无论是在法理基础或是制度内容方面，还是在程序目的或者是基本原则等方面都与其保持基本一致。一是契合诉讼效率原则，将民事公益诉讼和有关的行政公益诉讼在同一诉讼程序中解决，不仅与行政附带民事诉讼中的诉讼效率原则相吻合，还减少诉讼资源的浪费。二是遵循判决一致原则。彼此之间相互关联的民事公益诉讼与行政公益诉讼合并于同一诉讼程序中进行审理，有利于裁判者对两个相关联的案件事实与诉讼请求进行全方面多角度的了解和考虑，能最大

---

① 《行政诉讼法》（2017 修正）第 89 条第 1 款第 2 项："人民法院审理上诉案件，按照下列情形，分别处理：……（二）原判决、裁定认定事实错误或者适用法律、法规错误的，依法改判、撤销或者变更。"第 3 款："人民法院审理上诉案件，需要改变原审判决的，应当同时对被诉行政行为作出判决。"

② 《最高人民法院关于适用〈中华人民共和国行政诉讼法〉的解释》（法释〔2018〕1 号）第 119 条第 1 款："人民法院按照审判监督程序再审的案件，发生法律效力的判决、裁定是由第一审法院作出的，按照第一审程序审理，所作的判决、裁定，当事人可以上诉；发生法律效力的判决、裁定是由第二审法院作出的，按照第二审程序审理，所作的判决、裁定，是发生法律效力的判决、裁定；上级人民法院按照审判监督程序提审的，按照第二审程序审理，所作的判决、裁定是发生法律效力的判决、裁定。"

限度地保证判决的准确度和公信力。

一般附带民事诉讼与行政附带民事公益诉讼具有相同的特点：如合并审理的两种诉属于不同的性质；两种诉之间存在关联等。除此之外，行政附带民事公益诉讼还具有自身的独特性：一是诉讼主体相对恒定。检察机关是法定有权提起行政附带民事公益诉讼的机关。2017 年《最高人民检察院关于深入开展公益诉讼试点工作有关问题的意见》第 14 条的规定标志着检察机关成为诉讼主体和行政附带民事公益诉讼的开始。[①] 检察机关因为其自身新的公益诉讼主体身份，能发挥其诉讼的责任和能力，充分发挥法律监督的作用，对其他诉讼主体维护社会公共利益能力或方式等方面的不足进行补充。在诉讼主体方面，一般行政附带民事诉讼存在两种不同的可能性，第一种是同一个人作为两种诉讼的原告，但行政诉讼的被告是不同的人，行政诉讼的第三人是附带民事诉讼的被告。第二种是附带的民事诉讼原被告是行政诉讼的第三人和原告。两种可能性相比较，行政附带民事公益诉讼应当属于第一种诉讼。二是限定受案范围。检察机关提起的行政附带民事公益诉讼案件应当同时符合《行政诉讼法》第 25 条第 4 款[②]行政公益诉讼适用范围的规定和《民事诉讼法》

---

① 《最高人民检察院关于深入开展公益诉讼试点工作有关问题的意见》第 14 条："在部分公益案件中，既存在公民法人或其他组织侵害社会公共利益的违法行为，又存在行政机关违法行使职权或者不作为的违法行为。在两种违法行为造成同一损害后果，且均符合提起公益诉讼条件的情况下，检察机关可以向人民法院提起行政公益附带民事公益诉讼，既督促行政机关依法正确履行职责，又同时追究社会公共利益侵害人的民事责任，由人民法院一并审理。"

② 《行政诉讼法》（2017 修正）第 25 条第 4 款："人民检察院在履行职责中发现生态环境和资源保护、食品药品安全、国有财产保护、国有土地使用权出让等领域负有监督管理职责的行政机关违法行使职权或者不作为，致使国家利益或者社会公共利益受到侵害的，应当向行政机关提出检察建议，督促其依法履行职责。行政机关不依法履行职责的，人民检察院依法向人民法院提起诉讼。"

第 58 条第 2 款[①]民事公益诉讼适用范围的规定;行政附带民事公益诉讼应以达到行政诉讼附带的民事诉讼的构成要件和《行政诉讼法》第 61 条的规定为前提,通过上述分析,附民事公益诉讼的行政诉讼主要体现在食品药品安全、资源和环境领域。三是提起诉讼需要履行前置程序。若要提起行政附带民事公益诉讼,则必须经过民事公益诉讼与行政公益诉讼所规定的前置程序,这是督促各职能部门充分履职、节约司法资源的保障。四是单独来看,与其他合并诉讼相比,行政附带民事公益诉讼中的两种诉讼存在独立的特点。在行政诉讼附带民事的案件中,行政公益诉讼与民事公益诉讼不强制要求合并审理,可作为两个独立的公益诉讼分开审理,只是从必要性和可行性方面考虑,一并审理更为有益。五是可以实现公益最大化。行政附带民事公益诉讼的最大特点是为了维护法律秩序或公共利益的客观诉讼。该诉讼主要针对行政行为的消极情况,因为有些行政机关不履行其监管职能,危害了社会的公共利益。[②] 当行政机关的同一个不法行为对国家利益与社会其他民事主体的合法权益造成侵害时,该诉讼无疑是同时解决两个问题的最优方法。

【典型案例】

2017 年尚在公益诉讼试点期间便产生了我国第一例行政附带民事公益诉讼案件:白山市江源区卫生和计划生育局及江源区中医院行政附带民事公益诉讼案。该案起初是由检察机关在履行法律赋予

---

① 《民事诉讼法》(2021 修正)第 58 条第 2 款:"人民检察院在履行职责中发现破坏生态环境和资源保护、食品药品安全领域侵害众多消费者合法权益等损害社会公共利益的行为,在没有前款规定的机关和组织或者前款规定的机关和组织不提起诉讼的情况下,可以向人民法院提起诉讼。前款规定的机关或者组织提起诉讼的,人民检察院可以支持起诉。"

② 参见朱沛东、潘建明:《行政附带民事公益诉讼相关实务探析》,载《法治社会》2017 年第 6 期。

的监督职能时发现的，负有监督职责的卫生和计划生育局对江源区中医院违法排放污水行为的放任、不作为，造成了不同层面的严重后果，导致四周环境受到污染，严重侵害了周围居民的合法权益。除此之外，该行为也使社会公共利益遭到损害。该不法行为虽然严重侵害了周围居民的合法民事权利，属于严重的民事侵权行为，但该侵权行为的前提是不法行政行为，在依法经过行政与民事公益诉讼前置程序后，江源区中医院的侵权行为与江源区卫生和计划生育局的消极违法行政行为依旧未得到及时有效地纠正，且没有符合行政主体条件的社会公益组织，在这种情形下，人民检察院参照《行政诉讼法》第61条第1款，向人民法院提起诉讼，并作为公益诉讼的主体。此举开创了我国首例行政附带民事公益诉讼案件。因检察院提起的本案相关民事公益诉讼与行政公益诉讼案件有着较强的关联性，法院便将民事和行政公益诉讼进行了合并审理，并依法分别作出了一审行政判决和一审民事判决，成为我国自试点公益诉讼以来第一案。

基本案情：本案中吉林省白山市江源区中医院在2012年建设时便未按照法律的规定设置污水处理设施，该工程启动使用时相关环保部门未对此进行验收，并且该医院在此期间的排污标准未按规定的要求进行处理，即便用消毒粉处理后将其医疗废水排出的方法仍然属于违法排污，该行为对中医院周围的环境尤其是地下水以及土壤造成较为严重的污染。除此之外，中医院2014年1月8日没有将建筑项目的防治污染措施与主体工程同时设计、同时施工、同时投产使用，即没有按照相关法律规定进行建设，涉嫌违法改建。因此，江源区环保局按照相关法律规定对其进行了行政处罚，要求违法主体限期整改，办理相应环保验收手续并对其进行行政罚款，可是作为违法主体的江源区中医院却因资金问题依旧未安装设置相关的污水处理装置，仍旧使用老旧的消毒粉简单处理方式，继续违法违规向环境排放未按有关要求严格处理过的医疗污水。然而,当时的违法主体,依旧于次年5月18日获得了医疗机构执业许可证“合格”的校验结果,而且是在其未将环评合格报告提交给江源区卫生和计划生育局的情况下获得了“合格”的校验结果。

诉前程序:对于本案中中医院没有按照法律规定排放医疗废水造成环境污染的行为,江源区卫生和计划生育局曾收到了人民检察院提出的建议,要求必须采取有效的行为对其非法排污行为进行遏制,同时建议江源区卫生和计划生育局积极承担起其职责,对该非法行为进行有效监督。对此,江源区卫生和计划生育局于2015年11月23日向该中医院发出了整改通知,并于12月10日对该问题向检察院作出了答复,然而该中医院依旧违法违规向周围环境排放只被简单处理过的医疗废水,该行为依旧没有得到及时有效的制止,致使周围居民的合法权益以及社会公共利益长期受到严重的侵害。同时江源区人民检察院还根据法律的规定,在提起诉讼之前积极咨询省内各级机关及社会团体,以期寻找能够满足法律规定的、提起公益诉讼的社会公益组织,但经查并未在吉林省内找到符合法律规定、有资格提起公益诉讼的适格主体。按照法律的规定,至此江源区人民检察院便履行完了相应的诉前程序。

诉讼过程:白山市人民检察院以公益诉讼人的身份于2016年2月29日向白山市中级人民法院提起了行政附带民事公益诉讼。关于此案白山市人民检察院认为:一是江源区中医院违法违规排放只经过简单消毒的医疗污水,使周围居民生活环境遭受严重的污染,同时还会导致更大的环境安全隐患;二是江源区卫生和计划生育局负有相关的监督义务,却并未依法积极履行相应的监督管理职能,放任区中医院的违法排放污水的行为,并未对该行为作出积极有效的制止措施;三是区中医院未提交合格环评报告,江源区卫生和计划生育局便通过检验,该行为不符合法律规定。因此白山市人民检察院就要求江源区中医院立即停止违法违规排放医疗废水的行为向法院提起诉讼,并确认江源区卫生和计划生育局给予合格的行为违法,责令江源区卫生和计划生育局正确履行职能,并承担起监督的责任,对江源区中医院违法排放医疗污水的行为作出切实有效的整改,及时安装相应的污水净化装置,处理好相应的污水排放问题。

裁判结果:白山市中级人民法院接到检察院起诉后,于2016年5月11日开庭审理了此案,并于7月15日对此案分别作出了一审行政判决和民事判决。江源区卫生和计划生育局对区中医院违法排污的消极、不作为的监督管理行为在判决中得到确认,同时判定江源区卫生和计划生育局给区中医院颁发医疗机构执业许可证的行为不符合校验程序,违反了规定。而白山市江源区卫生和计划生育局作为卫生行政主管部门对于该区医院的行为负有检查监督的义务,但其在面对区中医院的违法排污行为时却并未积极作为,怠于履行相应的职责,未依规定及时采取积极有效的制止措施,江源区卫生和计划生育局的不作为行为因违反法律规定,构成违法。基于以上事由,白山市中级人民法院判令江源区卫生和计划生育局监督该中医院在三个月内完成对医疗污水处理设施整改,承担起其监督职能。客观上江源区中医院违法排放未经处理的医疗废水这一违法行为,导致周边地下水以及土壤受到严重的污染,带来了重大的环境污染问题,严重损害了周围居民的民事权利以及社会公共利益,故在民事判决中,白山市中级人民法院对江源区中医院违法排污行为判令立即停止。一审宣判后,江源区卫生和计划生育局、中医院均未上诉,判决发生法律效力。

(二)同步审理关联专利确权行政案件和专利侵权民事案件

专利诉讼民行交叉问题的复杂性体现在确权行政程序和侵权民

事程序的交叉。为了获得诉讼结果的确定性,免于当事人的权利处于不稳定状态,审理法院通常牺牲一定的效率,在得到行政审查结果之后再审理民事侵权案件,这也使得案件审理经过一个较长的周期。专利诉讼民行交叉中诉讼结果不确定、诉讼程序难以协调的问题导致现行法律框架下审理程序存在不少阻碍。[①] 以依法解决实践中的问题为导向,最高人民法院知识产权法庭首次探索同步审理关联专利确权行政案件和专利侵权民事案件,[②]旨在打破程序壁垒,实现专利权无效案件与专利侵权案件的集中统一管辖,在法院内部工作中协调专利领域民行交叉案件,实现裁判统一。在这样的组织基础上,统一两大程序的路径,使得民行交叉案件的有效解决成为可能,也更见成效。

【典型案例】

最高人民法院知识产权法庭在乐金公司与国家知识产权局专利复审委员会专利无效宣告请求纠纷上诉案(实正公司与乐金公司等专利侵权纠纷上诉案)中,充分发挥了知识产权案件与行政诉讼合并审理的效率优势,多角度地开创了专利案件方面的民行交叉案件处理新方式,有效解决了专利案件中的民行交叉案件"一案等一案"的效率较低的问题,更加全面地对专利案件中民事案件与行政案件中的权利进行解释,使该案结果协调,纠纷得到有效解决。[③]

---

① 参见崔宁:《专利诉讼民行交叉的问题与探索》,载《人民司法》2020 年第 4 期。

② 2019 年 1 月 1 日,最高人民法院知识产权法庭在北京揭牌,作为最高人民法院派出的常设审判机构,专门审理专利等专业技术性较强的知识产权民事和行政上诉案件,肩负着统一专利等知识产权案件裁判尺度、加快创新驱动发展战略实施的重大使命。

③ 参见《乐金公司与国家知识产权局专利复审委员会专利无效宣告请求纠纷上诉案》,载北大法宝,(2019)最高法知行终 142 号,(2019)最高法知民终 366 号,https://pkulaw.com/pfnl/a6bdb3332ec0adc4da406f3f54afbf3fbd348ac40618aab0bdfb.html,最后访问时间:2022 年 6 月 14 日。

基本案情：乐金电子(天津)电器有限公司(以下简称乐金公司)与被上诉人国家知识产权局、实用新型专利权无效行政纠纷案[①]及上诉人厦门实正电子科技有限公司(以下简称实正公司)与原审被告乐金公司、烟台万昌电器有限公司(以下简称万昌公司)、浙江天猫网络有限公司(以下简称天猫公司)侵害实用新型专利权之纠纷案。[②] 实正公司有一项名为“超温保护电路结构”的实用新型专利(以下简称本专利),于2012年12月5日授权公布,权利要求书包含权利要求1~4。2017年9月,实正公司根据公证申请,在万昌公司旗下天猫店购买乐金公司MH6595GDS型号微波炉产品,并在公证监督下进行拆解。声称该微波炉产品的变频线路板上的过温保护电路与权利要求1、2、4中记录的所有技术特性相同,属于该专利权的保护范围。乐金公司确认该产品在其制造中,万昌公司确认该微波产品在其销售中,但乐金公司、万昌公司、天猫公司认为缺乏涉及侵权产品的权利要求书中记载的1、2、4号多项技术特征,既不相同也不相等,均不属于该专利权的保护范围。

因此,实正公司提起诉讼,诉求为要求对方立即停止生产和销售侵权产品,并销毁库存及生产模具,并赔偿经济损失50万元,有关合理费用16,995.85元。

涉案专利的权利要求书1、2内容如下:

(1)一种过温保护电路结构,包括状态敏感的热敏元件和读取温度传感器,所述保护电路和温度传感器在靠近一处包含振荡电路的IGBT,并且所述振荡电路具有电桥桩,其特征是:所述电桥桩的热元件一端连接到所述电桥桩的负输出端接地;所述散热元件固定在钢

① 参见最高人民法院(2019)最高法知行终142号行政判决书。

② 参见最高人民法院(2019)最高法知民终366号民事判决书。

板上设有过温保护点，所述过温保护点位于散热器与钢板配套的桥桩对面；所述热敏元件有两条完整稳定的热传导路径，一条连接桥架的负输出端，另一条通过散热器穿过印版到其对面。

（2）根据权利要求1所述过温保护电路的结构，其特征在于：所述散热器通过螺钉锁紧于所述印版；所述过温保护点位于螺钉锁紧位置附近。

涉案专利说明书第0013段记载："该结构的保护电路，具有两条热流传导通道，对散热器和桥堆同时进行温度监控。"第0014段记载："热敏电阻靠近于螺钉，更加保证了第二热流传导通道的热阻稳定性，可以用工艺控制。"

民事审判初审［案号为：（2017）浙01民初1405号］：2017年10月25日，原告实正公司向浙江省杭州市中级人民法院起诉请求：1.判令被告乐金公司立即停止专利侵权行为，停止生产、销售、许诺侵犯原告实用新型专利权（专利号为ZL20122020××××.0、名称为"一种过温保护电路的结构"）的侵权产品，销毁侵权成品和半成品库存，并销毁侵权产品专用生产模具（当庭放弃对乐金公司承诺停止销售的法庭诉讼请求）；2.判令被告万昌公司、天猫公司立即停止销售上述侵犯原告实用新型专利权的侵权产品（当庭放弃该项诉讼请求）；3.判令三被告赔偿原告实正公司经济损失50万元以及原告实正公司为制止侵权行为而支付购买侵权产品3995.85元、公证费5000元、律师费8000元合计16,995.85元的合理费用（当庭放弃针对被告万昌公司、天猫公司的赔偿请求）；4.本案全部诉讼费用由三被告承担。

2019年杭州市中级人民法院根据当事人提供的有效证据以及其在法庭审理过程中的陈述，认定事实如下：实正公司主张以涉案专利权利要求1、2、4确定专利权的保护范围。2017年9月11日，根据实正公司的申请,在福建省厦门市思明区公证处公证人员的监督下,实正公司的委托代理人刘某强在天猫“LG 生活电器旗舰店”(经营者为万昌公司)公证购买 LGMH6595GDS 微波炉触控面板智能家用 25L 变频节能电脑式光波烤箱(售价为 1898 元),并获得相应发票。在公证人员监督下对收到的上述产品拆解并拍照。乐金公司确认该微波炉产品系其制造,万昌公司确认该微波炉产品系其销售。

杭州中院认为,涉案专利中的热敏元件其中一端与桥堆负输出端的连接是一种直接接触的物理连接,而被诉侵权产品的热敏元件与桥堆负极输出端系一种电连接,并非直接接触的物理连接。被诉侵权产品的热敏元件固定于印版上的位置距离散热器与印版配合处的反面处较远。被诉侵权产品在涉及的权利要求书 1 中缺乏多项技术特征,不属于涉及的权利要求书 1 的保护范围;由于案件中涉及的权利要求书 2 和 4 都引用了权利要求书 1,所以被起诉的产品不受案件中涉及的权利要求书 2 和 4 的保护。鉴于被诉侵权产品并未落入涉案实用新型专利权的保护范围,故被告乐金公司在本案中并未实施原告所称的侵权行为。原告实正公司的诉讼请求缺乏事实和法律依据,杭州市中级人民法院判决驳回原告实正公司的诉讼请求,案件受理费 8970 元,由原告实正公司负担。

实正公司不服一审判决,向最高人民法院知识产权法庭提起上诉。实正公司上诉请求:撤销原审判决,改判支持实正公司原审全部诉讼请求。

行政审判初审[案号为:(2018)京 73 行初 8992 号]:2018 年 1 月 9 日,被告乐金公司向国家知识产权局专利复审委员会(以下简称专利复审委员会)提交无效宣告请求,认为权利要求 1、2、4 不符合《专利法》第 22 条第 3 款的规定,请求对涉及的权利要求 1、2、4 进行无效宣告。同时,被告乐金公司提供了新的专利说明书 1、2、3 作为证据。2018 年 6 月 26 日，专利复审委员会作出被诉决定，维持涉案专利有效。2018 年 8 月 29 日，乐金公司向北京知识产权法院提出诉讼，请求撤销第 36449 号无效宣告，并责令国家知识产权局重新作出无效宣告请求审查决定。北京知识产权法院认为，权利要求 1 要求保护一种超温保护电路的结构，过温保护电路有两条完整稳定的热传导路径。根据权利要求书 1 的限制以及说明书中上述记录，可以得出，权利要求书 1 定义了热敏元件与桥桩负输出端之间的电气连接和物理连接。权利要求书 1 是相对于对比文件 1 和对比文件 3，对比文件 2 和对比文件 3 的组合而言具有创造性的。因此，北京知识产权法院判决驳回乐金公司的诉讼请求，案件受理费 100 元由乐金公司承担。乐金公司不服一审判决，向最高人民法院提起上诉。请求：1. 判令撤销（2018）京 73 行初 8992 号判决；2. 发回重审或改判撤销被诉决定，并责令国家知识产权局重新作出决定；3. 判令国家知识产权局承担本案一审、二审案件受理费。

民事审判终审［案号为：（2019）最高法知民终 366 号］：在二审中，实正公司向二审法院提交了行初 8992 号行政判决书，用以证明在针对涉案专利权的无效行政纠纷中，北京知产法院认定实正公司在口述过程中可能存在简化元件名称的表述或者偏离原意的解释并不能影响对涉案专利权利要求 1 保护范围的理解，在民事侵权案件中杭州市中级人民法院在宣告无效程序中多次引用原告实正公司的代理人的错误陈述，导致对涉案专利权利要求 1 的保护范围解释错误。

二审法院认为，被诉侵权技术方案的热敏元件连接桥堆负极引脚处的铜箔即具备涉案专利中的“热敏元件其中一端连通所述桥堆的所述负极输出端”完整稳定的热传导路径。被诉所述涉嫌侵权的技术方案中所述热敏元件的位置与所述过温保护点相比，在专利中不属于涉案人员在本质上采取的手段相同，实现的基本功能相同，达到的效果相同，与该领域普通技术人员在涉嫌侵权发生时没有创造性劳动可以关联的情况相对应，不构成技术特征的等值。被起诉的侵权技术方案不受权利要求书1、2、4的保护。原告实正公司主张被告乐金公司应承担侵权责任的上诉请求缺乏事实和法律依据，一审法院不予支持。二审法院判决驳回上诉，维持原判。二审案件受理费8970元，由实正公司负担。

行政审判终审［案号为：(2019)最高法知行终142号］：在二审中，乐金公司向二审法院提交了实正公司在民终366号案中提交的上诉状，用以证明实正公司在无效程序和侵权程序中对权利要求作出了不同的解释。实正公司在民终366号案上诉状中称，热敏元件相对于桥堆的物理连接关系（位置关系）是热敏元件连通于桥堆的负极输出端（在产品实物中表现为印刷电路中的铜箔），而不是与桥堆负极引脚直接连接。

二审法院认为，权利要求书1中所述热传感器的热传导路径为“连接桥桩负输出端的一条”，其仅限于物理结构的热传导路径，具体解释为连接热传感器的桥桩负引脚处的铜箔。对于权利要求书1所涉及的专利权，“过温保护点位于桥架叠片散热器与印版连接的对面”，应解释为过温保护点位于散热器与印版接触面的对面。涉及的权利要求书1相对于对比文件1和对比文件3以及对比文件2和对比文件3的组合具有创造性。基于所引用权利要求书的创造性，所涉及的权利要求书2和4也具有创造性。二审法院判决驳回上诉，维持原判。二审案件受理费100元，由乐金公司负担。

这两起案件的争议焦点都涉及索赔的解释。审判结束后，两起案件的合议庭判定，涉及的专利权是创造性的，乐金公司生产并销售的涉嫌侵权的产品不属于专利权的保护范围。

两案终审裁判分析：鉴于两案均系最高人民法院知识产权法庭受理的上诉案件，且均涉及涉案专利权利要求解释的问题，乐金公司主张实正公司在两案中对权利要求的解释不一致，本案开创式地将民事案件与行政案件两种案件一起审理，并通过庭前会议的方式将两个诉讼中共同涉及的一些问题提前解决。这也是符合现行《行政诉讼法》第 101 条、[①]《民事诉讼法》第 136 条第 4 项，[②]《民诉解释》第 224 条的立法精神。[③] 在合并庭前会议中，国家专利局居于中间位置，双方当事人坐于两边。合并诉讼庭前会议的召开，解决了不同当事人在不同案件中对于权利要求解释的不同的问题，极大地避免了当事人"一案等一案"的低效率情况以及因权利要求解释不一致而造成的不必要的无效程序，涉案权利要求解释的明确有利于明确两案的争议焦点和审理思路。[④] 同时，最高人民法院知识产权法庭加强对民事、行政交叉案件的识别，建立了以专利号作为关键分案筛选字段的立案、分案机制，确定由同一审判组织审判合并的两个诉讼，并在裁判文书的内容上进行了改变，不再局限于单独某一种程序，而是将合并诉讼的判决书相互关联，在判决书中明确体现出民行交叉程序，对合并审理的另案情况作出较为全面的介绍，对于在庭前会议中已经基本确定的权利解释要求作出阐述，在两案判决书中的"案件审理

① 《行政诉讼法》(2017 修正)第 101 条："人民法院审理行政案件，关于期间、送达、财产保全、开庭审理、调解、中止诉讼、终结诉讼、简易程序、执行等，以及人民检察院对行政案件受理、审理、裁判、执行的监督，本法没有规定的，适用《中华人民共和国民事诉讼法》的相关规定。"

② 《民事诉讼法》(2021 修正)第 136 条第 4 项："人民法院对受理的案件，分别情形，予以处理：……(四)需要开庭审理的，通过要求当事人交换证据等方式，明确争议焦点。"

③ 《最高人民法院关于适用〈中华人民共和国民事诉讼法〉的解释》(法释〔2022〕11 号)第 224 条："依照民事诉讼法第一百三十六第(四)项规定，人民法院可以在答辩期届满后，通过组织证据交换、召集庭前会议等方式，作好审理前的准备。"

④ 参见郝小娟：《专利民行交叉案件处理新思路》，载《人民司法》2020 年第 2 期。

经过部分”“事实查明部分”“裁判要点部分”均增加关联案件的相关情况，并对于涉案专利各有侧重地进行了全方位的解释。如此做法相比以往司法实践中裁判文书通常仅写明本案审理情况，更有助于社会公众通过阅读两案文书就可以全面了解技术方案，以及民行交叉程序的全过程。

第三节 对我国民行交叉案件解决机制的反思

事实上，一个案件既涉及民事又涉及行政纠纷的情况有很多，但相关部门缺乏应对这些案件的统一指导，对司法审判有一定程度的不良影响。因此，深入反思和探索现行的办案机制，从根本上解决这类案件，使法院的审判工作有法可依、有章可循，已成为我们法律工作者的重要课题。结合我国具体国情，现行的民行交叉案件诉讼处理机制存在诸多痛点亟待解决，主要是于法无据、立案分案机制不健全、诉讼程序无序随意以及判决结果矛盾等诸多因素共同导致的。纵观我国民行交叉的司法实践，民行交叉案件的诉讼处理机制中所存在的弊端有以下几个方面。

一、统一的民行交叉案件审理体制未建立

“法律规定得越明确，其条文就越容易切实地施行。”民行交叉程序的审理原则及其规则越具体，越能为司法程序的有效运作提供切实的保障。存在良好有效的法律是我们杜绝矛盾裁判，实质性解决纠纷的长久价值追求。但是，在我国现行的法律体系中，民行交叉审理体制的相关规定在司法实践中仍然存在过于原则化、内容零散不系统、适用性不强的问题。一些部门法及最高人民法院司法解释中的相关规定也同样比较模糊，可操作性较低。尽管《行政诉讼法》及《行诉解释》对一并审理程序的规定较之前更加完善，但仍然不足以

指导复杂多变的司法实践。审理程序关键环节的缺失和不具体会导致一并审理案件的关联性仍缺乏统一的认识标准,不同诉讼程序中处于不同诉讼地位的当事人举证责任分配困难等,造成司法实践"同案不同判、同案难同判",理论与实践严重割裂。

纠纷的有效解决要依靠统一的法律依据、科学的程序指导和完整的制度体系。立法层面的不健全必然会导致各地法院处理此类案件的标准不一致和方式混乱,长此以往也势必加剧裁判冲突,损害司法确定性和权威性。

二、立案、分案机制不健全造成法律救济"空洞"

立案识别是对案件性质的判断,也是申请人权利获得实体救济的基础。民行交叉案件涉及两种性质不同的法律关系,相较于一般的诉讼案件,立案识别难度大。最高人民法院知识产权法庭在加强案件前端识别方面进行了探索,建立了可以识别涉及相同专利号的机制,即以专利号作为关键分案筛选字段的立案、分案机制。但是在实务中各个审判庭对民刑交叉案件认识不足的情况非常普遍,做法也不统一,这也导致能够被识别的民行交叉案件较少,许多类似案件在立案阶段往往未被正确识别,就丧失了获得救济的机会。

案件分配是诉讼过程中的一个小单元,在实务中,法院和当事人都容易忽视这一部分,但是它十分重要,关乎当事人的诉讼行为与法院的审理模式,还对法院公证、廉洁和高效审判产生重要的影响,直接影响司法的公信力。案件分配对民行交叉案件而言尤为重要,能够直接影响案件能否顺利审理,是否会出现案件性质不同导致审判程序反复、混乱,以致出现效率低下、当事人权利无法得到救济的现象发生。在司法实践中,行政诉讼与民事诉讼交叉案件的分案机制运行状况不佳,分案随意,在源头上较难保证审判的公平和公正。此时当事人的权益就不能得到保障,出现法律救济上的"空洞"。

三、线性问题处理上法官之间推诿

对一些复杂案件，各人之间有不同看法，司法部门要及时解决。所以，事实上，各部门可能相互推脱。民事法庭的法官在处理民商事案件时，将首先选择“先行后民”的顺序，行政法庭的法官经常选择“先民后行”的程序。如果在民事诉讼的审理过程中，法官发现特定的行政行为，将指示当事人就其有效性提起行政诉讼，并可以暂停诉讼或撤回诉讼，等待判决结果。审理行政案件时，如果当事人对民事行为的合法性有疑问，法官也会提议先提起民事诉讼，再通过行政诉讼解决。但管辖依然有空白，对当事人权益的保护依然欠缺。较为典型的问题便是在民行交叉案件的处理实践中具体操作时常出现混乱情况，其主要原因就在于缺少明确的划分依据，来辨别民行交叉案件的性质和实质。例如，部分法院所认定的民行交叉案件仅是行政诉讼中行政相对人提起的行政赔偿之诉，而还有些法院将一些不属于行政赔偿的民事赔偿案件作为行政赔偿案件来处理，或适用先民后行，或适用先行后民的程序，案件在两个审判庭之间相互推脱，案件迟迟不能审理完成，严重侵犯了当事人的合法权益。

四、诉讼程序随意、无序、反复

各地法院在处理此类案件时，由于缺乏科学的程序指引，处理方式、方法不统一，诉讼程序的选择上过于随意，呈现无序状态。以行政行为作为民事诉讼中的证据使用为例。行政机关所作出的行政行为具有公信力，也就是说，当一个案件中同时存在民事纠纷和行政纠纷时，行政行为可以作为民事诉讼的证据。但是，我国现行法律并没有规定行政行为作为证据时的审查方式，而是对其直接采信。在此种情况下，当民事诉讼结案后，如果据以为证据的行政行为因违法被撤销或者原行政机关重新作出、被责令重新作出新的行政行为，那么此时对民事纠纷而言，据以作出判决的事实依据发生变化，就会重启民事诉讼程序。也就说明了此时行政权的设定对民事司法权的走向产生影响，扰乱了诉讼程序。

公正价值和经济价值是解决民行交叉案件时应当追求的。但是，行政和民事交叉案件的处理时常会出现诉讼程序反复、诉讼周期长等问题，使得经济价值难实现。“民行交叉案件的法律关系往往比较复杂，经常会涉及两个以上的法律关系，所以目前各个法院通常要求当事人提起民事和行政两个诉讼。”①民行交叉案件存在两种法律关系，两者相互交叉，两种法律关系之间有时还具有因果性，使案件审理变得困难，程序也存在反复的情况。审理过程中，两个诉讼的审理期限互相堆叠，而且程序都较复杂，诉讼周期长，判决往往需要经过一两年的时间，这种时间线拉得很长的案件非常多见。这不仅是对司法资源的浪费，也不利于解决纠纷，使当事人的诉讼负担加重，增加诉讼成本，甚至会出现由于当事人操作不当而败诉的情况，从而将矛盾转向法院，增加社会不稳定因素。

五、民事判决与行政判决之间相互矛盾

正义通常被认为是社会体系的主要价值追求和人类高尚价值目标。它强调集团秩序和社会制度如何能够适应实现基本目标和任务，满足人们的正当需要，最终促进生产率和社会团结。② 如果当事人分别提出民事和行政诉讼，一般由民行两个审判部门审理，由于两个审判组织缺少必要的交流，而且诉讼是不可约束的，通常会引起两个判决的矛盾。这一矛盾显然违背了正义的价值。

在司法实务中，一些法院盲目地用有争议的行政措施处理案件而不考虑案件的基础，这些有争议的行政措施甚至成为判决的依据

---

① 赵红星：《民事行政交叉案件审理若干问题研究》，载《河北法学》2012 年第 2 期。

② 参见哈书菊：《民事诉讼的价值定位》，载《学术交流》2006 年第 9 期。

或行政机关的意见及答复的依据。审理过程中,民中行和行中民是常见的、多发的,当事人追求的只是问题的处理和解决,不会过多在意适用哪种程序。然而同一纠纷常会因为审判组织的在案件审理和适用法律上的不同,而产生不同的裁判结果。例如,民事案件的诉讼或是行政案件的诉讼,不同的审判组织的认定可能有所不同,在不同时期的性质认定也不同。由于不同的理解和解决方式,没有一个具体的评定标准来规范各种模式的应用,实践中此类案件处理方式具有不统一和矛盾性。

第五章 民事诉讼与行政诉讼交叉案件“附带审理”制度设计

完备的诉讼制度设计是民众和社会对诉讼制度期待的理想状态,建立公平、高效、便捷的诉讼制度是人们共同追求的价值目标。理想的制度安排可以满足人们日常生活对诉讼的需求,但在现实生活中由于各价值追求之间具有相互牵制或制约作用,诉讼制度的设计很难达到理想状态。因此,在设计民事诉讼与行政诉讼交叉案件的制度时,我们应尝试在多重价值之间进行权衡,期待逐步接近“诉讼制度的理想状态”①,体现人们对诉讼制度的价值追求,努力满足人们的期待。

第一节 建立“附带审理”制度的积极意义

不断探索解决民行交叉案件的机制具有重要的理论与实践意义。正如江必新教授所言,刑民行交叉案件以“小切口”折射出“大

① 参见[日]新堂幸司、小岛武司遍集:《注释民事诉讼法(1)裁判所·当事人》,有斐阁1991年版,第8页。

问题”[①],同样地,有效解决民行交叉案件有助于降低当事人的诉讼成本、降低国家司法成本、合理配置司法资源,有效保障公民基本权益。因此,关于如何进行制度设计,如何构建我国司法体制,怎样提升我国治理体系和治理能力现代化的问题意义重大。通常认为民事诉讼制度的价值追求应当包括适当、公正、迅速、经济等内容。[②]“附带审理”制度正是以此为出发点进行展开的,该制度的积极意义主要体现在以下几个方面。

一、防止法官推诿,维护当事人权益

实践中法官在处理民行交叉案件时相互推诿背后的原因是复杂的,推诿的借口和形式也是多样的。但无论原因为何,因推诿造成的主要危害是相同的,即因案件久拖不决,造成当事人的纠纷无法得到及时解决,无法获得司法救济,同时造成人力、物力、财力等多方面的损失。从宪法保障诉权的角度出发,国家不能拒绝裁判,法官的推诿无疑对当事人的权利造成了实质性损害。民行交叉案件“附带审理”制度设计的功能之一是为解决民行交叉案件提供制度安排,防止法官无故、任意拒绝裁判,以此维护民众的基本权利,为权利救济提供有效的途径。

根据“附带审理”制度的基本思路,无论何种类型的民行交叉案件,不必区分以民事案件或是行政案件为先决条件的案件,都应由同一审判组织解决。这种设计有效防止实践中出现的法官以“先行后民”抑或“先民后行”等为借口拒绝裁判或中止审理现象,导致当事人难以获得司法救济的情况。制度的设计使民行交叉案件能够顺利

---

① 江必新、胡云腾、王轶:《刑行民交叉疑难问题研究》,载《中国法律评论》2021年第6期。

② 参见张卫平:《论民事诉讼制度的价值追求》,载《法治现代化研究》2021年第3期。

进入审理程序，实现当事人获得司法救济的第一步，有效保障当事人诉权。在我国司法实践中已经探索尝试适用这种纠纷解决思路，如最高人民法院知识产权法庭设立后开始逐步探索同步审理涉及同一专利的行政确权和民事侵权案件，为诉讼程序的对接和裁判标准的设立提供了组织基础。①

二、节约司法资源，突出效率价值

进入21世纪以来，公正与效率始终都是司法改革的核心价值目标，民事诉讼法追求的是实现优质、高效、低成本地化解纠纷。在“诉讼爆炸”的时代背景下，法院“案多人少”的矛盾日益突出，以“推进案件繁简分流、轻重分离、快慢分道”的诉讼制度改革正是在这样的背景下逐步开展的。民行交叉案件具有诉讼周期长，案件复杂审理难度大等特点，通常民行交叉案件是由不同法院、不同审判程序、不同审判组织分别进行审理的，不可避免地发生矛盾冲突或形成相悖的审理结果，因此存在当事人上诉、再审、信访等问题，与司法改革提出的总体目标相悖。毕竟，从出现大量矛盾裁判和再审、信访案件的角度出发，没有很好地实现案件优质解决的目标；从案件久拖不决、诉讼周期冗长的角度看，无法体现诉讼高效价值；从司法资源使用的角度出发，民行交叉案件经常涉及民事、行政多个法官，一审、二审和再审多个审理程序，无论对当事人还是法院都谈不上低成本、高性价比的优质选择。因此，探索更加公正、高效地解决民行交叉案件的审理机制，毫无疑问是司法改革背景下的重要议题。“附带审理”制度要求由同一审判组织在同一诉讼程序中一并解决民行交叉案件，其着眼点就在于提高司法效率，避免浪费当事人的时间和精力，也避免过度消耗本就稀缺的司法资源，与诉讼体制改革的目的相契合。“附

① 参见郝小娟：《专利民行交叉案件处理新思路》，载《人民司法》2020年第2期。

带审理”制度能够减少案件在多个审判组织间审理、流转的环节，减少诉讼程序带来的时间成本、人力成本、司法成本等诸多要素的消耗。通过进行制度调整，优化司法资源配置，提升司法效率，保障案件质量，提高司法公信力，达到全方位的提升。

三、重塑司法权威，防止矛盾裁判

互相矛盾的判决既有违公正价值，又会对司法权威带来极大伤害，使公民丧失对司法的内心认同感、丧失对司法的信任度，不利于司法统一，也不利于法治社会的建设和发展。司法统一意味着规范法院统一适用法律工作，“使法律在整个管辖权范围内平等、公正、统一、一致地适用于每一个人”。矛盾裁判直接损害的是司法权威，因为这是一种完全“看得见”的司法不统一现象。[①] 2021 年年底出台的《最高人民法院统一法律适用工作实施办法》(法〔2021〕289 号)，目的是完善统一法律适用机制，规范统一法律适用工作制度，推动形成工作合力，规范法官行使裁量权，妥善解决法律适用分歧，维护和完善司法正义。可以看出避免矛盾裁判，维护司法权威具有重要性和紧迫性的时代意义。

实践中，民行交叉案件产生审理困境、出现矛盾裁判的原因是多样的，可能有立法规定的缺失，也可能有法官之间认识程度不统一的问题。按照“附带审理”的制度设计，如果民行交叉案件能够一并在同一诉讼程序中加以审理和解决，由同一审判组织的法官对案件进行整体把握与通盘考量，势必减少法律适用中差别对待情形的发生，减少矛盾冲突，提高诉讼效率，促进司法公正，更好发挥司法作为维护社会公平正义最后一道防线的作用，维护司法统一，树立司法权威。

---

① 参见张晋红：《诉的合并制度的立法缺陷与立法完善之价值分析》，载《法学评论》2007 年第 4 期。

第二节　“附带审理”制度应当遵循的原则

民行交叉案件是司法实践中的公认难题,因为其具有涉案信息繁杂、涉案范围广泛、涉案主体多样等特点。因此,能够建立健全符合我国实际的民行交叉案件解决机制,有效实现案件的妥善解决,则是我国法治建设的重要内容。那么,在解决该问题时,我们应当坚持以下基本原则。

一、当事人意思自治与司法权相结合原则

尊重当事人处分权原则在民事诉讼和行政诉讼中都有所体现,亦被称为“不告不理”。现代司法理念要求充分尊重当事人的主体地位,即当事人有支配自己诉讼权利的自由,是程序价值的外在表现形式。但当事人意思自治不能无限行使,需要法律加以限制和规范,在民行交叉案件中应遵循当事人意思自治与司法权相结合原则,具体体现在法官释明权与当事人程序选择权中。

在民事及行政交叉案件审理中,如果诉讼当事人对程序作出单方面错误的选择,法官应履行释明权告知诉讼当事人,为其指明选择诉讼程序的正确路径,并且还要明确告知当事人在诉讼程序选择中可能发生的不利法律后果。如果当事人听取了释明意见并作出正确的诉讼程序选择,本案可以依据正确的诉讼程序继续进行审理。但当法官行使释明权后,当事人执意继续进行本案审理,只能尊重当事人的意思选择。因程序选择存在问题,可能产生中止案件审理、因审判困难延迟判决或不符合法律规定驳回诉讼请求的后果。如在处理行政案件时,若民事纠纷为先决条件应先予以解决,但当事人错误地选择了行政诉讼,没有听取法官的释明意见,坚持继续审理本案,由于不符合法律的规定,驳回诉讼请求,选择这样的处理方式为当事人

重新选择诉讼程序或其他解决纠纷的途径留有空间，否则一旦进行判决后，当事人可能会丧失救济的途径，失去补救措施。

二、先决问题处理原则

先决问题处理原则，具体是指在民事诉讼和行政诉讼之间虽然不能确切地明确谁先谁后的问题，但在处理过程中存在优先顺序。先决问题处理原则的目的是，对同一系统内不同法院之间的附属案件进行协调处理，针对管辖权问题对主要案件有管辖权的法院，决定是否合并审理主案的附属案件，以确定对该案件拥有管辖权的最终法院。目的是确保当事人的合法权益和管辖权的完整。在处理案件时，应将争议的性质及其相互关系作为考虑的基础，不能错误地认为行政诉讼具有天然的优先处理地位。因为“所谓公共利益和私人利益都是受法律保护和承认的利益，他们在法律的平衡中具有相同的比重”①。在处理民事诉讼交叉案件时，对先决问题处理原则的理解主要包括以下两点。

一是正确处理先决问题。先行处理原则是处理民事和行政交叉案件的最重要原则之一，因此，在民事与行政交叉案件中，应正确识别和解决先决问题。先决问题主要包括前提性问题和主要构成要件问题。某一法律关系的产生、变更以及消灭，按照法律规定应在另一法律行为作出后才能生效，那么法院应首先进行审查和认定先决事实或基本要素。例如，在商标侵权案件中，前提性问题是商标评审委员会作出的具体行政行为是否合法。另一种情况是，虽然法律没有将某一行为明确为某类权利产生或取得的必要条件，但当进入案件实际审判阶段时，该行为的本质对于解决纠纷非常重要，因此应先行审理该问题。在我国司法实践中，通过对案件事实的分析首先处理

---

① 罗豪才主编：《行政法论丛》（第2卷），法律出版社1999年版，第412~427页。

那些对确定民事责任关系和确立行政行为合法性具有构成要件意义的事实,为案件的后续审理提供便利。[①] 法院在适用这一原则时,不能任意扩大先决条件基本事实的范围,仅作为证据的事实不能被确定为先决条件问题。

二是正确运用先行处理原则。先决问题处理原则中对于先决问题不可过于机械地认定,不能简单地认为只要有先决条件问题就应当先行处理,应当灵活运用该原则具体问题具体分析,根据案件的实际情况采取适当的方法加以处理。只要确保在这一过程中可以确定和解决案件的前提问题,而后在统一认定事实的基础上,确立当事人之间的民事责任分配和认定行政行为的合法性即可。我国司法实践中,主要有以下几种情况:如果民事法律关系的有效性由所涉及的行政行为的合法性所决定,而且行政行为对民事行为是一种限制关系而非补充关系,则应先解决行政纠纷;行政行为的介入对民事行为效力的发生存在一定的影响,但其自身并不是依赖于民事行为而产生的效果,而是以公法对行政行为本身的追求为基础的,则应先解决行政行为的合法性后解决民事纠纷。但当行政法律关系合法性的确认取决于民事法律行为的效力时,则应首先处理民事纠纷。[②] 先决问题处理源于公法和私法的划分以及法院系统内部不同的职能划分,有必要通过程序确定案件纠纷的前提要素和基本构成。所以,对于民行交叉案件的优先问题,以及相关的审判程序问题,均是其解决机制应当充分考虑的主要内容,而先决问题处理原则也是其应当充分尊重的重要原则。

---

① 参见张坤世:《行政违法与民事侵权并存案件的处理》,载《行政法学研究》2000 年第 2 期。

② 参见吴偕林:《民事、行政救济程序交叉问题之解决》,载《法律适用》2007 年第 7 期。

三、公共利益最小损害原则

在民行交叉案件中，除了应以保护诉讼当事人合法的民事权益为中心，还应当在诉讼中注重维护行政主体背后所代表的社会公共利益，如在诉讼过程中不得停止具体行政行为的执行。主要原因包含两个方面：一方面，具体行政行为的效力具有先定性。我们假设行政行为一经作出即具有法律效力和普遍约束力；另一方面，为保障社会秩序的稳定，在司法审查过程中停止行政行为的实施，不利于行政法律秩序的稳定，也存在损害公共利益的可能。因此，诉讼期间不停止具体行政行为的执行制度已成为促进公共利益与私人利益平衡的有效手段。① 再如，应严格限制违法行为的撤销。出于同样的原因，限制撤销违法行政行为也是为了维护公共利益的。在一些具体情形下，行政上的违法行为虽然对所涉人员民事利益有所侵害，但若是法律关系恢复到原来的状态，将很大程度损害公共利益。因此，在平衡各方利益的基础上为了维护国家和社会的重大利益，应当对违法行政行为的撤销加以限制，采取其他措施补救相关人受损的民事权益，更好地平衡公共利益与个人权益的关系。② 在我国民行交叉案件的处理过程中，如果法院判决导致损害发生的这项具体行政行为是违法的，那么当事人可以通过主张行政损害赔偿来救济受损的民事权利。

四、司法最终解决原则

在社会发展过程中纠纷不可避免，因此需要一个有效的争端解决机制来维持国家的持续稳定发展。司法是捍卫正义的最后一道防线，确保纠纷有效解决的方法就是将司法引入纠纷解决中，通过司法

---

① 参见卢护锋：《行政诉讼基本原则的学理探析》，载《行政论坛》2007 年第 4 期。

② 参见张树义主编：《寻求行政诉讼制度发展的良性循环》，中国政法大学出版社 2000 年版，第 98 页。

途径最终解决争端，从而达到维护公民权益及社会稳定的目的。由于司法的终极性，诉讼通常是解决纠纷的最后手段，法院成为保护人们正当权益最有效的场所。① 司法最终裁决原则，是司法机关对争议案件作出最终裁决的原则，以此方法为指导有利于解决民行交叉问题。司法最终裁决原则已经被行政诉讼法理论所确立。② 行政诉讼司法最终裁决原则是指，法院对行政纠纷的判决具有最终法律效力，行政机关必须服从法院判决。③ 在宪法和法律允许范围内，贯彻司法最终裁决原则意味着法院针对行政纠纷作出的终局性判决，对各方主体均具有强制执行力。因此，当事人就被诉具体行政行为的合法性和合理性提出的疑问，应当遵循司法最终裁决原则。④

从权力的角度来看，司法权的终极性表现为司法最终权。⑤ 主要体现在以下两个方面：第一，裁决效力的至上性，即其他主体均不得随意改变司法机关所作的生效判决。实践中和解、调解、仲裁等方式都属于纠纷的解决手段，但这些方式不具有终局性，当事人对和解、调解、仲裁等结果产生异议时，法律规定的司法机关可以重新审理，因此解决纠纷的最后手段是司法裁判。尤其是很多国外的司法机关依据本国法律授权不仅具有司法审查权，而且还具有违宪审查权，即司法机关可以因法律违反宪法而宣布其无效，也有权对行政行为进行审查，评估其行为是否具有合法性，因此司法机关所作判决拥有最高的判决效力。第二，裁判效力的终结性。司法机关针对争议作出

---

① 参见郭小冬：《我国司法终极性的缺失与确立》，载《河北法学》2004 年第 1 期。

② 参见包玉秋、佟成军：《解读司法最终原则》，载《党政干部学刊》2001 年第 4 期。

③ 参加朱兴有、杨小君、吴明童主编：《行政诉讼法学》，中国人民公安大学出版社 1989 年版，第 148 页。

④ 参见解志勇：《论行政诉讼审查标准——兼论行政诉讼审查前提问题》，中国人民公安大学出版社 2004 年版，第 46 页。

⑤ 参见王荣清、姜彬：《论司法终裁权及其完善》，载《现代法学》1995 年第 2 期。

有效判决后，同一争议不能再次进行司法裁判。“一事不再理”原则和“禁止双重诉讼”原则都体现出裁决的终结性。针对法院已经作出的生效判决，当事人不可就同一争议事由再次重复起诉。司法的终结性不仅是司法的内在品质，也是司法权最终的外在表现。① 因此，司法最终权通过程序的公平性予以实现，获得了正当性价值。当司法过程符合法律规定，满足权力行使的内在要求时，就会体现出解决纠纷的终极权威性和程序公正性。②

五、司法权与行政权均衡的指导思想

我们需要认识到的是，民行交叉问题产生的根源在于司法权与行政权的博弈，民行交叉案件能否妥善地处理，很大程度上取决于能否把握好司法权与行政权之间的关系。司法作为维护社会公平正义的终极手段，承担着维护社会公平正义、妥善处理纠纷、保障公民权利、制约国家公权力等重要的职责。法治的社会需要司法权的有效行使来维系社会的公平正义，为社会经济的发展提供持续的保障。与此同时我们也应关注到，在现代社会中行政权同样起着重要的作用，随着现代行政权的不断发展，行政权的触角延伸至公民生活的各个领域，可以说人们从出生到死亡的日常生活中都在与行政权打着交道。行政权为社会生活各个领域的有效正常运转提供有力支持，维护着社会公共秩序。因此，在处理民行交叉案件的过程中要注意把握司法权与行政权的平衡，避免厚此薄彼，造成不恰当的利益减损。

---

① 参见刘瑞华：《司法权的基本特征》，载《现代法学》2003 年第 3 期。

② 参见宋炉安：《司法最终权——行政诉讼引发的思考》，载《行政法学研究》1999 年第 4 期。

第三节　“附带审理”制度障碍的破解

一、以“诉的声明”确定案件性质

（一）民事诉讼标的新理论

诉讼标的（Streitgegenstand）理论是民事诉讼中具有重要意义的基础理论，自其产生以来就争议不断，是大陆法系民事诉讼法学核心理论问题之一。到了20世纪，关于诉讼标的理论才逐步成熟发展起来，以日本和德国为代表的大陆法系民事诉讼法学界的讨论最为热烈。德国诉讼标的概念经历了从传统诉讼标的理论到新诉讼标的理论的发展，关于诉讼标的理论可以从实体与程序两个方面分析。传统的诉讼标的理论也称为旧诉讼标的理论，是从实体方面进行探究的，更侧重于实体法上的权利。新诉讼标的理论也被称为诉讼说，是为了解决传统理论中的痛点与堵点问题，从诉讼法角度提出的理论，具体分为二分肢说、一分肢说和新实体法说。

诉讼标的概念是为了满足诉讼理论体系的需求，由民事诉讼纯粹理论而创造出来的，具有一定的实践运用功能。大陆法系将诉讼标的从实体请求权转向“当事人诉讼上的请求”，也为我国理论界研究诉讼标的提供了新的思路。学界发现单纯从实体法立场界定诉讼标的的概念欠妥，同时民事法律关系层次结构的模糊性也证实了在权利层面衡量诉讼标的更为适宜。目前我国诉讼标的理论为旧实体法说，因此在实践应用过程中也面临着许多窘境。在民事诉讼新标的理论中最核心、最基本的问题是诉讼标的的识别，关于诉讼标的的识别存在以下几个方面的内容。

1. 旧实体法说

旧实体法说的本质特征是以实体法上的请求权为依据来确定诉

讼标的。德国学者赫尔维希(Helwig)认为,诉讼标的是原告在诉讼中提出的实体法上的权利主张,起诉时原告应在诉状上具体表明其主张的实体权利或法律关系。也表明原告提出的权利主张数量决定了诉讼标的数量,实体法上的每一项请求权,均代表一个诉讼标的。[①]我国民事诉讼标的理论以旧诉讼标的理论为基础发展而来,至今仍然得到学理及司法实践中的广泛支持,具有法律关系明晰、当事人易于攻击与防守、准确判断既判力的客观范围等优势,不易发生争执,便于法院裁判。以最高人民法院制定的《民事案件案由规定》为例,案由的分类是司法部门依据旧实体法说对诉讼标的类型进行归类而成的,可以看出法官与当事人受旧实体说的影响巨大。[②] 但我们也应看到该理论也存在无法解决请求权竞合的现实问题。

2. 新诉讼标的理论

旧实体法说在适用过程中存在较大缺陷,“电车事件”最具代表性。[③] “电车事件”的发生动摇了旧说的统治地位,为新学说的提出创造了契机。基于该理论,民事实体权利不应该与诉讼标的概念一并考虑,而是要相互分离开来。也就是说,当事人可以将实体法上的权利作为诉讼程序中用于当事人抗辩的法律观点,而法院也可以将其作为判决的法律依据。原告当事人不用考虑实体法上的权利而提起诉讼,而这也是新诉讼标的理论从二分肢说转变到一分肢说的变化。

---

① 参见张卫平:《诉讼构架与程式:民事诉讼的法理分析》,清华大学出版社2000年版,第211页。

② 参见钦骏、叶名怡:《民事诉讼标的理论初探》,载《前沿》2003年第9期。

③ 用于指出旧说缺点的一个典型案例,即某人乘电车受伤,先依据合同关系请求赔偿,再依据侵权代为请求赔偿。尽管两次请求权的行使基于同一事实而发生,但由于旧说以实体法律关系作为诉讼标的,因此原告两次请求权的行使形成了两个不同的诉讼标的,法院必须审理,且被告可能遭受双重赔偿的不当判决。

二分肢说也被视为诉的声明及事实理由合并说。原告的声明与阐述的事实理由为诉讼标的的依据，当声明与事实理由中任何一种个要素为多数时，诉讼标的为多数。如果案件中原告声明的事实合并为一个诉讼标的，无论请求权的数量为何，均为一个诉讼标的。二分肢说虽然确立了请求权竞合时诉讼标的的判断标准，但针对基于不同事实的请求权竞合，如何识别诉讼标的仍未作出明确的解答。随着理论研究的不断深入，理论界中提出了一分肢说。一分肢说也称为诉的声明说，与二分肢说不同的是，诉讼标的以诉的声明或原告起诉的目的为识别标准。以同一给付为目的的请求即便存在不同的事实理由，仍只是一个诉讼标的。一分肢说解决了实体法请求权竞合时诉讼标的识别的问题，但有多个事实理由时诉讼标的应当如何识别的难题仍未解决。由于在识别过程中未考虑事实理由，存在对法院的既判力范围思考不足的问题，[①]关于诉讼标的识别方式有学者力推新诉讼标的理论，并结合我国实践对二分肢说进行修正，提出具有新内涵的“新二分肢说”，认为诉讼标的是诉讼法上的概念，应以当事人诉的声明结合原因事实作为识别标准，诉的声明与事实原因均为多数时构成多个诉讼标的；反之，有一个要素是单一时诉讼标的为单一标的。这样的做法可以摆脱民事实体权利与民事实体法律关系的绝对束缚，法官可以灵活地解决纠纷。[②]

3. 新实体法说

新实体法说与旧实体法不同，但其根源是通过完善的理论研究回归到实体法中去的，与旧实体法交相辉映。新实体法说认为针对诉讼标的识别，根源在于实体法请求权竞合问题，请求权为多数，基

---

① 参见江伟、韩英波：《论诉讼标的》，载《法学家》1997 年第 2 期。

② 参见江伟、徐继军：《民事诉讼标的的新说——在中国的适用及相关制度保障》，载《法律适用》2003 年第 5 期。

于同一事实关系具有相同的给付目的时,是请求权基础的竞合,此时可以视为只有一个请求权。

(二)行政诉讼标的理论

诉讼标的最早出现于德国民事诉讼法中,关于诉讼标的的研讨热度也随着行政诉讼制度的发展而不断升温。诉讼标的在行政诉讼与民事诉讼的理论表象上极为相近,我们则可以从实体法与程序法角度进行分析。起初实体法说将行政行为、行政违法行为、行政法律关系作为行政诉讼标的,后来通过理论研究的进一步深入转变为诉讼法说,其中包含一分肢说、二分肢说、三分肢说等理论。一分肢说中诉讼标的的内涵与民事诉讼相同,行政诉讼标的即为原告的诉讼声明,与法律事实无关。不论一个诉的声明中包含几种事实关系,一个诉的声明便可以构成一个诉讼标的。如果多个诉讼请求在一个诉讼中结合时,产生诉的客观合并。二分肢说成为德国以及我国台湾地区的行政诉讼理论通说,[①]该说认为诉讼标的由原告诉的声明及事实理由共同构成。在我国,撤销之诉、履行之诉中诉的声明是申请法院撤销或履行行政主体行为的主张,事实理由是涵盖案件全部实体法律关系的事实。可以看出诉讼标的与诉讼类型的选择密切相关,诉讼标的决定了诉讼类型的选择,而诉讼类型的确定也明确了诉讼标的的审理条件。[②]

(三)新诉讼标的理论的功能

新诉讼标的理论是为了解决传统理论中面临的请求权竞合问题应运而生的,随着社会的不断发展对于诉讼标的概念与功能也提出

---

① 参见[德]弗里德赫尔穆·胡芬:《行政诉讼法》(第5版),莫光华译,法律出版社2003年版,第138~140页。

② 参见葛翔:《复议机关作共同被告行政案件的司法审查进路——从诉讼标的理论出发》,载《东方法学》2016年第5期。

了新要求。在诉讼过程中，民众的纠纷主要通过诉讼标的方式映现在法官面前，在旧说下双方纠纷主要通过实体权利的形式令法官知晓，由于实体权利受实体法律关系的约束，因此将法官限定在实体权利架构中进行裁判，易产生法律的“自动售货机”思维。由于既判力的客观范围明确，一定程度上有利于当事人民事实体权利的实现，但不利于纠纷的一次性解决。在此种学说下，当纠纷触及民行交叉案件时，旧说无法解决交叉案件带来的困境，新诉讼标的理论为民行交叉案件带来了曙光。随着科学技术、新型产业、经济生活的高速发展，人民的生活环境日益复杂化，固有理论已经无法适应新生活带来的新的挑战，因此新诉讼标的理论破除了民事实体权利与民事实体法律关系的壁垒，将当事人的诉讼主张作为诉讼标的，审判对象为整个纠纷，在审判过程中法官无须受民事实体法的约束，可以灵活自主地处理复杂的纠纷，共同创造公正合理文明有序的秩序，完善制度体系，共同推进社会的发展。①

(四)“诉的声明”在“附带审理”制度中的应用

在民行交叉案件中，当事人起诉至法院，目的是请求解决民事或者行政纠纷。而纠纷中呈现出的以民事案件或行政案件为先决条件的复杂局面背后是权力的交织和复杂的法律体系。这些理论和法律规定对于大部分当事人而言无疑是难以理解更无从把握的，但案件的结果却由他们承担。如何选择诉讼顺序，诉讼请求的提出等诉讼策略都能够影响案件的结果和走势。如此烦琐的诉讼对于那些未能聘请律师的当事人而言，很难期待诉求的妥善解决。换言之，民行交叉案件因其复杂性，客观地提升了当事人维护自身权益的难度和成

---

① 参见江伟、徐继军：《民事诉讼标的新说——在中国的适用及相关制度保障》，载《法律适用》2003 年第 5 期。

本。这种复杂性和风险性与诉讼制度解决纠纷目的相悖,更与法院作为社会正义最后一道防线的功能相悖。

在“附带审理”制度中,当事人可以通过“诉的声明”明确自己请求法院解决的争议,也即诉讼请求。有的当事人可能要求解决民事纠纷,有的则是要求解决行政争议。法院需要根据“诉的声明”确认相关案件属于民事案件或是行政案件。造成民行交叉案件产生的事实无论是单数还是复数,先决问题是民事问题还是行政问题,都可以在一个诉讼程序中加以审理。当事人关心的只是其在“诉的声明”中所提出的诉求能否够得到解决。从保护当事人诉权的角度出发,因实体法和程序法繁杂规定所导致的审理难题,应当由更具专业优势的法官解决。毕竟从宪法规定的国家义务出发,国家机构(法院)有义务解决民众的纠纷,保障当事人权利。

我国《民事诉讼法》第122条第3项规定,①起诉时应有具体诉讼请求和事实理由,第124条第3项和第155条第1款第1项规定,②起诉书和判决书中都应列明诉求及认定的事实理由。对于“具体诉讼请求”的内涵有学者理解为诉的声明,通过降低起诉门槛,保障案件纠纷的一次性解决。③ 由此可见“附带审理”机制在我国诉讼制度中实现的可能性。正如霍姆斯法官所言,“法律的生命不在逻辑而在经验”,当现实中遇到问题时,更需要法律人的智慧去探寻解决方案。

---

① 《民事诉讼法》(2021修正)第122条:“起诉必须符合下列条件:(一)原告是与本案有直接利害关系的公民、法人和其他组织;(二)有明确的被告;(三)有具体的诉讼请求和事实、理由;(四)属于人民法院受理民事诉讼的范围和受诉人民法院管辖。”

② 《民事诉讼法》(2021修正)第124条第3项:“起诉状应当记明下列事项:……(三)诉讼请求和所根据的事实与理由。”《民事诉讼法》第155条第1款第1项:“判决书应当写明判决结果和作出该判决的理由。判决书内容包括:(一)案由、诉讼请求、争议的事实和理由……”

③ 参见任重:《论我国民事诉讼标的与诉讼请求的关系》,载《中国法学》2021年第2期。

二、以“指定管辖”突破管辖限制

（一）“附带审理”制度的管辖限制

在“附带审理”制度中，民行交叉案件中管辖权如何确定是一个至关重要的问题。依据级别管辖的规定，无论在民事诉讼或是行政诉讼中，都有由基层法院审理一审案件的原则性规定，但关于级别管辖两者之间存在不同。在民事诉讼中，涉案金额会对级别管辖产生一定的影响，在行政诉讼中行政机关的级别影响着行政诉讼的级别管辖。因此，当附带民事诉讼案件中民事诉讼被告与行政诉讼被告隶属于不同区域时，极易产生管辖权的冲突。民行交叉案件中相关联的民事或行政案件很可能归属不同的法院管辖，从而影响到“附带审理”制度的适用。关于民行交叉案件审理中管辖冲突的处理已有颇多讨论，有学者主张，行政诉讼附带民事诉讼的前提条件为双方应归属于同一法院管辖，如果并非同一法院管辖，两个诉讼不能进行合并审理。这样的规定无疑限缩了“附带审理”的适用范围。有学者建议在行政附带民事诉讼中适用“就高不就低”原则，通过立法模式处理管辖权冲突。当民行交叉案件中涉及级别管辖冲突时，由级别更高的法院一并审理，符合当事人利益保障原则与司法实践的需求。① 也有论者主张，结合行政附带民事诉讼制度的基本原则和特殊属性分析，主诉讼为行政诉讼，关联案件民事诉讼为附属诉讼，主诉讼不成立，行政附带民事诉讼也不存在，在行政附带民事诉讼中可以尝试“民就行”原则，以解决管辖权冲突的问题。②

---

① 参见张晋红：《民事诉讼合并管辖立法研究》，载《中国法学》2012 年第 2 期。

② 参见余晓辉：《行政附带民事诉讼审理程序初探》，中国政法大学 2018 年硕士学位论文，第 18 页。

（二）合并管辖及其作用

合并管辖也被称为牵连管辖或者连带管辖。具体是指在审理民行交叉案件时，对一案有管辖权的法院合并处理具有牵连关系但无管辖权的另案，因牵连关系而获得另案管辖权。① 合并管辖具有三方面的特征：其一，审理主案的法院对于被合并案件无管辖权。其二，法院管辖目的在于通过合并管辖为诉的合并提供程序法上的保障。其三，合并的案件应具有牵连性。② 为了提高办案效率，节约诉讼资源，为当事人提供便利，我国立法上规定了诉的合并制度，将两个或两个以上有关联的诉合并到同一诉讼程序中一并解决，一定程度上保障了司法的统一与权威。但值得注意的是，在诉的合并过程中，不可避免地面临被合并的诉不属于同一法院管辖的情形，此时管辖权就是面临的直接问题，如果法律上无管辖权依据会阻碍诉的合并。因此，合并管辖为诉的合并提供程序性保障。如前文所述，“附带审理”制度建立在诉的合并理论基础之上，在附带审理中涉及管辖权的问题时，根据合并管辖理论，依据所审理的民行交叉案件的关联性，可以突破管辖权的限制，将相关民事或行政纠纷合并到本诉法院进行审理。

（三）突破管辖限制的可能性及路径探析

1. 管辖制度与“附带审理”制度的价值排序

管辖制度的设立主要是为了明确各级人民法院在受理案件时，应如何进行分工以及有何权限，应依据便于当事人诉讼、便于案件的审理和执行、均衡各级人民法院的负担等原则进行具体划分。③ 总之，最重要的意义是在落实审级制度的前提下，合理安排各级法院的

---

① 参见张卫平：《民事诉讼法》（第5版），法律出版社2019年版，第105页。

② 参见张晋红：《民事诉讼合并管辖立法研究》，载《中国法学》2012年第2期。

③ 参见张卫平：《民事诉讼法》（第5版），法律出版社2019年版，第102～103页。

职能，平衡法院之间的定位及工作量，因而管辖并非不可突破。实施“附带审理”是为了确保当事人的权益能够在同一诉讼程序中实现，有效处理好当事人之间的矛盾冲突，实现司法公正。因此，应在有效避免矛盾判决、维护司法权威，并有助于节约司法资源的前提下提升诉讼效益。可见，管辖制度不应当成为“附带审理”制度的限制，当两者的适用发生冲突时，应当允许通过合并管辖来解决管辖冲突的问题。

2. 实践中的集中管辖

从法院系统内部的改革试点工作中也看到突破管辖制度的可能性。以集中管辖为例，2007 年 9 月浙江省丽水市中级人民法院开始探索行政诉讼相对集中管辖制度，确定 3 家县（市、区）法院作为集中指定的管辖法院，负责审理全市 9 个县（市、区）的行政案件，为经济发展、大局稳定提供了优质服务和司法保障。2015 年 12 月以广州为试点，由广州铁路运输两级法院集中管辖广州地区的行政诉讼案件。集中管辖相对固定了诉讼参与地点，对于案件当事人而言，集中管辖便于当事人主张权利，节约了诉讼成本，大大提高了诉讼效率，减少了诉累。2021 年下半年，房地产公司恒大集团遭遇财务危机，资金链断裂，引发连锁危机。最高人民法院发布通知，所有涉及恒大集团及其关联企业的案件都统一移交至广州中院受理。[①] 这些实践中的例子都突破了管辖制度的规定，从保护当事人利益、提升司法效率、统一裁判等角度出发，作出了有益的尝试和探索。

集中管辖是为了提高司法资源利用率和平衡法院案件的数量而

---

① 参见《独家|恒大关联案件被要求集中管辖移交至广州中院》，载财新网，https://finance.caixin.com/2021-08-05/101751630.html。

进行的合理配置,是对现行行政诉讼法管辖制度的变通,将分散于不同法院的案件集中起来,由某一特定的法院享有管辖权,部分法院的管辖限缩,部分法院的管辖权扩大。集中管辖制度不仅有利于优化司法资源的配置,还有利于公正在司法中的实现,并且对提高法官队伍素养也具有重要意义。

3. 突破管辖限制的路径

法律制度的建立,不仅要考虑它的现实必要性,更要考虑它的合法性。“附带审理”制度始终要在行诉讼制度的总体框架下进行探索,合法性始终是无法回避的问题。从《行政诉讼法》规定的“一并审理制度”来看,如何妥善解决在行政附带民事诉讼过程中所面临的管辖权冲突问题,《行政诉讼法》及其司法解释没有明确细化,从“在行政诉讼中当事人提出一并解决关联民事争议的,法院可一并处理”的规定中,就可以推断出民事行政诉讼的同属管辖问题也没有被立法者予以明确。换言之,可以推定立法者肯定了“一并审理”的制度价值,也为管辖冲突的解决机制留下很大的空间。

在以往的改革试点过程中,《行政诉讼法》规定了一定的过渡内容,即赋予中级人民法院集中管辖和异地管辖权。例如,上文提及的丽水市中级人民法院集中管辖改革试点工作。最高人民法院于2013年将集中管辖改革的试点工作推行适用于全国,并通过上级指定的方式将部分基层人民法院一审行政案件的管辖权交由其他基层法院,实现集中管辖制度的推广与适用。在这些改革的经验中都突出了“指定管辖”在突破管辖冲突和保证合法性上的重要作用。这一举措体现了指定管辖设立目的及其所追求的价值。指定管辖一直被视为法院内部解决管辖争议或者法院不能行使案件管辖的一项制度,即“法律上设立指定管辖制度,目的在于防止法院之间相互推诿或者相互争夺对案件管辖权的行使”①。

综上所述，在“附带审理”制度的构建中对于管辖权冲突的问题，整体上可以参考行政诉讼法规定的“一并审理”制度。根据合并管辖的原理，审理本诉的法院因案件间的关联性而获得相关联案件的管辖权。此外，如果出现难以解决的管辖冲突，本诉法院也可以通过报请指定管辖的方式，获得管辖的合法性。

三、以“行使释明权”合并新的诉

“诉的合并”是“附带审理”制度建立的基础理论之一。诉的合并是由两个相互关联的独立的诉合并而成的，或是在相同的法律关系下产生的。在处理民行交叉案件时适用“附带审理”制度，诉的合并解决的问题主要包括：由谁提出诉的合并，法院的释明与诉的合并之形成的关系。

诉的合并需要以提出与决定为前提，同时也是形成诉的合并的基本程序。根据“无诉即无审判”的基本原则，应由当事人提出合并的请求。当事人可根据自由意志决定是否向法院提起诉讼以及提起诉讼的数量。如原告提出合并之诉讼、有独立请求权第三人提出的参加之诉以及被告提出的反诉等都属于当事人自由处分的范畴，提出这些诉讼表明当事人同意由同一法院对争议的案件进行合并审理。我们发现诉的合并、请求参加诉讼及案件的反诉本身的特征，使得当事人不需要再另外提起审理合并的请求。虽然当事人有权决定是否起诉以及是否合并起诉，但是否符合法律的规定需要由法院进行判断。法院享有终局裁决权，便于其更好地审判案件，也可以防止当事人滥用权利现象的发生。

法官的释明权在“附带审理”案件中有效地促进诉的合并。当事

---

① 王福华：《法律讲堂 · 民事诉讼法学》，清华大学出版社 2012 年版，第 104 页。

人在法官的帮助下能够选取合适的诉讼手段并厘清案件争论的焦点，法官的释明权对诉的合并有重要的意义。释明权主要包含以下内容：第一，法官向案外人的释明。法官在审理案件中发现本案涉及侵犯案外人的合法权益时，应当及时向案外人进行释明。第二，法官向被告的释明。在审理案件过程中法官有义务对反诉的条件、提起的时间和程序等问题进行释明，一定程度上维护了被告的诉讼权利。第三，在多个原告控诉同一被告，且多个原告的诉讼请求为同种类时，法官可以就合并审理的规定向原告释明。具体到“附带审理”程序中，面对复杂交织的民事行政法律关系，从厘清法律事实保障当事人权益，保证司法效率的角度出发，法官应当行使释明权，告知当事人需要提新的诉，以解决作为先决问题的民事争议或者行政争议，并明确告知如果所涉及的各方都不愿主动提起诉讼可能面临失权的法律后果。若当事人在法官释明后，提起相应的诉讼，则将新提起的诉合并到本诉中来一并处理。

四、以“文书间渗透”关联相关裁判

关于民行交叉案件的裁判文书应当采用合一裁判还是分别裁判，是制作同一的裁判文书还是分别作出裁判文书，是值得思考的问题，实践中存在不同的做法。

在裁判方式上，最高人民法院的观点认为，行政审判兼具“合法性审查”与“合理性审查”的基本职能，法官应当正确运用撤销、确认违法、确认无效、行政给付等主体判决，辅之以责令重新作出具体行政行为或采取补救措施等从属判决，充分发挥裁判方式的类型化功能，并注意与明确具体的民事争议裁判的有机衔接，彻底化解纠纷。[①]

---

① 参见梁凤云：《不断迈向类型化的行政诉讼判决》，载《中国法律评论》2014 年第 4 期。

因此在处理民行交叉案件时,如当作为先决条件的民事争议已经解决,与其关联的行政争议较为复杂,需要经过较长时间的审理,“可以考虑采用中间判决方式……先将被诉行政行为的合法性问题在判决中确定下来,等民事判决生效后再作出补充判决”①。

关于民行交叉案件裁判文书的制作,2010 年经最高人民法院批准,浙江省在 6 家基层法院开展行政附带民事诉讼试点工作。同年 9 月,模仿刑事附带民事裁判文书格式,诞生了全国第一份行政附带民事诉讼判决书和行政附带民事诉讼调解书。实践中有的法官认为裁判文书形式的特点具有普遍的参照作用,但由于行政案件与民事案件较为复杂,也可以分别制作行政和民事裁判文书。也有的法官选择一并审理后制作单一的行政裁判文书。② 2019 年最高人民法院知识产权法庭的成立对于同步审理涉及专利、商标等知识产权行政确权案件和民事侵权案件具有不可替代的推动作用。知识产权法庭在审理因专利侵权的民行交叉案件时,合并庭前会议,适用同一审判组织进行案件审理。创新裁判文书的撰写工作,探索新型民行交叉案件裁判文书的制作。文书中体现了民行程序的交叉,增加了对相关另案审理情况的基本详情,均对涉案专利权利要求解释问题进行阐述,裁判文书的内容有助于全面了解涉案专利的全过程,也为今后涉案专利的其他纠纷的审理提供了借鉴意义,以期统一审判标准与尺度减少纠纷。因此通过“附带审理”制度解决的民行交叉案件也可以参考这一思路制作关联的裁判文书。在分别制作裁判文书的基础

---

① 蔡小雪:《行民交叉案件的处理》,载 360doc 个人图书馆,http://www. 360doc, com/content/16/0209/12/30598038_533415282. shtml,最后访问时间:2022 年 9 月 20 日。

② 参见陈璐、刘欢:《民行关联争议一并审理模式的规范化构建——基于 317 件民行关联案件行政裁判文书的实证分析》,法院改革与民商事审判问题研究——全国法院第 29 届学术讨论会获奖论文集(上),2018 年 4 月于北京。

上,增加相关联案件的情况介绍,并对民事、行政争议交叉的部分进行必要的解释论述,以明确法官裁判的观点和思路,在制作文书的过程中两者要内容明确相互协调,避免存在矛盾冲突。

后　记

20世纪以来，随着国家行政权的不断扩张，越来越多的民事活动被置于国家行政权的约束力之下，在运用行政权力维护社会秩序的同时，也产生了许多公权力与私权利的博弈现象。司法实践中因为民事纠纷与行政纠纷的交叉，出现了许多民事诉讼与行政诉讼交叉的案件。公私法的交织、行政诉讼法与民事诉讼法原则方面的冲突以及深层次上的司法权与行政权的博弈，都加剧了民行交叉案件的解决难度。从行政行为的视角看，行政确认、行政裁决、行政许可、行政处罚等行政行为是司法实践中引发民行交叉案件的主要原因。从基础诉讼视角看，民行交叉案件可以分为以民事争议为主、行政争议作为附属问题的案件和以行政争议为主，民事争议作为附带问题的案件以及行政争议和民事争议并重的案件。反思当前我国民事诉讼与行政诉讼交叉案件的解决机制不难看出，我国现行法律法规在处理民行交叉案件方面尚缺乏具体的、可操作性的规范。正是基于这样的认识，我开始关注民行交叉案件审理模式的研究，并在此基础上形成了博士后研究报告。秋季是一个收获的季节，我在这个季节，在博士后研究报告的基础上收获了我的书稿。说实话，写作过程中我也曾有过放弃的想法，但最终能够坚持唯有感恩。

感谢黑龙江大学法学院同事们对我的支持与鼓励；感谢乔杨、牛丹彤、曹熹、姜惠南、段琳琳、张薇、刘蛟等诸位同学在书稿校对工作中的辛苦付出。

此书最终能够顺利出版离不开法律出版社周丽君老师热心帮助和鼎力支持,在此表示我真诚的谢意。

哈书菊

2022 年 9 月

哈尔滨

参考文献

1. 中文书籍

[1]卞建林主编:《现代司法理念研究》,中国人民公安大学出版社 2012 年版。

[2]陈桂明:《诉讼公正与程序保障:民事诉讼程序之优化》,中国法制出版社 1996 年版。

[3]陈桂明主编:《民事诉讼法》,中国政法大学出版社 2007 年版。

[4]陈荣宗:《举证责任分配与民事程序法》,台北,三民书局 1984 年版。

[5]顾培东:《社会冲突与诉讼机制》(第 3 版),法律出版社 2016 年版。

[6]胡建淼、江利红:《行政法学》(第 3 版),中国人民大学出版社 2016 年版。

[7]胡建淼:《十国行政法——比较研究》,中国政法大学出版社 1993 年版。

[8]江平主编:《民法学》(第 2 版),中国政法大学出版社 2016 年版。

[9]江勇、管征:《行政审判实务问题研究》,中国法制出版社

2009 年版。

[10]姜明安主编:《行政法与行政诉讼法》(第 7 版),北京大学出版社 2019 年版。

[11]罗豪才主编:《行政法论丛》(第 2 卷),法律出版社 1999 年版。

[12]罗豪才主编:《行政法学》(2005 年版),北京大学出版社 2006 年版。

[13]罗豪才、湛中乐主编:《行政法学》(第 4 版),北京大学出版社 2016 年版。

[14]刘宗德、彭凤至:《行政诉讼制度》,中国法制出版社 2002 年版。

[15]廖永安:《民事诉讼理论探索与程序整合》,中国法制出版社 2005 年版。

[16]梁慧星主编:《社会主义市场经济管理法律制度研究》,中国政法大学出版社 1993 年版。

[17]马怀德主编:《行政诉讼原理》(第 2 版),法律出版社 2009 年版。

[18]马怀德主编:《行政法前沿问题研究:中国特色社会主义法治政府论要》,中国政法大学出版社 2018 年版。

[19]孙国华主编:《中国特色社会主义法律体系研究——概念、理论、结构》,中国民主法制出版社 2009 年版。

[20]沈亚平:《行政学》,南开大学出版社 2006 年版。

[21]沈岿主编:《谁还在行使权力:准政府组织个案研究》,清华大学出版社 2003 年版。

[22]邵勋、邵锋:《中国民事诉讼法论》(下),中国方正出版社 2005 年版。

[23]汤维建:《美国民事司法制度与民事诉讼程序》,中国法制出版社 2001 年版。

[24]吴春华主编:《公共行政学》(第 2 版),高等教育出版社 2015 年版。

[25]吴庚:《行政争讼法论》,台北,三民书局 1999 年版。

[26]王利明:《司法改革研究》,法律出版社 2000 年版。

[27]王福华:《法律讲堂民事诉讼法学》,清华大学出版社 2012 年版。

[28]王名扬:《美国行政法》(上),中国法制出版社 2003 年版。

[29]王名扬:《法国行政法》,中国政法大学出版社 1988 年版。

[30]肖建国:《民事诉讼程序价值论》,中国人民大学出版社 2000 年版。

[31]薛刚凌:《行政法治道路探寻:薛刚凌教授文集》,中国法制出版社 2006 年版。

[32]解志勇:《论行政诉讼审查标准——兼论行政诉讼审查前提问题》,中国人民公安大学出版社 2004 年版。

[33]杨临宏:《行政诉讼法:原理、制度与程序》,中国社会科学出版社 2020 年版。

[34]杨荣馨主编:《民事诉讼原理》,法律出版社 2003 年版。

[35]应松年主编:《英美法德日五国行政法》,中国政法大学出版社 2015 年版。

[36]应松年主编:《行政诉讼法学》(第 6 版),中国政法大学出版社 2015 年版。

[37]《中国大百科全书》总编辑委员会编:《中国大百科全书:法学》(修订版),中国大百科全书出版社 2006 年版。

[38]张卫平:《诉讼构架与程式:民事诉讼的法理分析》,清华大

学出版社 2002 年版。

[39]张卫平:《民事诉讼法》(第 5 版),法律出版社 2019 年版。

[40]张翔:《基本权利的规范建构》(增订版),法律出版社 2017 年版。

[41]张光宏、毕洪海主编:《行政附带民事诉讼的理论与实践》,中国政法大学出版社 2014 年版。

[42]张正钊、韩大元主编:《比较行政法》,中国人民大学出版社 1998 年版。

[43]张越编著:《英国行政法》,中国政法大学出版社 2004 年版。

[44]张树义主编:《寻求行政诉讼制度发展的良性循环》,中国政法大学出版社 2000 年版。

[45]张尚鷟主编:《行政法学》,北京大学出版社 1992 年版。

[46]左卫民等:《诉讼权研究》,法律出版社 2003 年版。

[47]周卫平、江必新等:《行政争讼制度概论》,宁夏人民出版社 1988 年版。

[48]朱兴有、杨小君、吴明童主编:《行政诉讼法学》,中国人民公安大学出版社 1989 年版。

2. 中文论文

[1]北京市第二中级人民法院课题组:《行政诉讼一并审理民事争议研究》,载《中国应用法学》2019 年第 1 期。

[2]包玉秋、佟成军:《解读司法最终原则》,载《党政干部学刊》2001 年第 4 期。

[3]崔宁:《专利诉讼民行交叉的问题与探索》,载《人民司法》2020 年第 4 期。

[4]成协中:《行政民事交叉争议的处理》,载《国家检察官学院

学报》2014 年第 6 期。

[5]程关松:《司法效率的逻辑基础与实现方式》,载《江西社会科学》2015 年第 8 期。

[6]陈光中:《动态平衡诉讼观之我见》,载《中国检察官》2018 年第 13 期。

[7]陈坚:《行政、民事争议关联案件的审判实务》,载《人民司法》2005 年第 6 期。

[8]陈光中:《刑事诉讼法再修改之基本理念——兼及若干基本原则之修改》,载《政法论坛》2004 年第 3 期。

[9]陈光中、崔洁:《司法、司法机关的中国式解读》,载《中国法学》2008 年第 2 期。

[10]陈璐、刘欢:《民行关联争议一并审理模式的规范化构建——基于 317 件民行关联案件行政裁判文书的实证分析》,法院改革与民商事审判问题研究——全国法院第 29 届学术讨论会获奖论文集(上),2018 年 4 月于北京。

[11]陈桂明:《诉讼公正与程序保障——民事诉讼程序优化的法哲学探讨》,载《政法论坛》1995 年第 5 期。

[12]陈学权:《论刑事诉讼中实体公正与程序公正的并重》,载《法学评论》2013 年第 4 期。

[13]方世荣、羊琴:《论行政行为作为民事诉讼先决问题之解决——从行政行为的效力差异进行分析》,载《中国法学》2005 年第 4 期。

[14]广东省深圳市盐田区人民法院调研课题组:《行政与民事交叉案件审理中存在的问题与对策》,载《人民司法》2008 年第 7 期。

[15]高芳:《浅析房地产纠纷案件中的民行交叉问题》,载《黑龙江省政法管理干部学院学报》2010 年第 11 期。

[16]郭小冬:《我国司法终极性的缺失与确立》,载《河北法学》2004 年第 1 期。

[17]葛翔:《复议机关作共同被告行政案件的司法审查进路——从诉讼标的理论出发》,载《东方法学》2016 年第 5 期。

[18]哈书菊:《民事诉讼的价值定位》,载《学术交流》2006 年第 9 期。

[19]郝小娟:《专利民行交叉案件处理新思路》,载《人民司法》2020 年第 2 期。

[20]何海波:《行政行为对民事审判的拘束力》,载《中国法学》2008 年第 2 期。

[21]黄学贤:《行民交叉案件处理之探究》,载《法学》2009 年第 8 期。

[22]黄江:《行政、民事关联诉讼问题探讨》,载《政治与法律》2001 年第 5 期。

[23]金俊银、吕方、陈海光:《论法院公正与效率主题创世纪司法与审判新貌——最高人民法院“公正与效率世纪主题论坛”综述》,载《法律适用(国家法官学院学报)》2002 年第 1 期。

[24]季涛:《行政权的扩张与控制》,载《行政法学研究》1997 年第 1 期。

[25]江伟、范跃如:《民事行政争议关联案件诉讼程序研究》,载《中国法学》2005 年第 3 期。

[26]江必新、胡云腾、王轶:《刑行民交叉疑难问题研究》,载《中国法律评论》2021 年第 6 期。

[27]江伟、韩英波:《论诉讼标的》,载《法学家》1997 年第 2 期。

[28]江伟、徐继军:《民事诉讼标的新说——在中国的适用及相关制度保障》,载《法律适用》2003 年第 5 期。

[29]廖永安:《论我国民事与行政争议交叉案件的协调处理》,载《中南大学学报(社会科学版)》2005 年第 6 期。

[30]梁凤云:《行政诉讼与民事诉讼、刑事诉讼的交叉问题研究》,载《行政执法与行政审判》2008 年第 5 期。

[31]梁凤云:《不断迈向类型化的行政诉讼判决》,载《中国法律评论》2014 年第 4 期。

[32]卢护锋:《行政诉讼基本原则的学理探析》,载《行政论坛》2007 年第 4 期。

[33]刘练军:《司法效率的性质》,载《浙江社会科学》2011 年第 11 期。

[34]刘崔峰:《论刑事诉讼中程序公正与实体公正动态平衡的经济原理》,载《制度经济学研究》2020 年第 4 期。

[35]刘敏:《论裁判请求权——民事诉讼的宪法理念》,载《中国法学》2002 年第 6 期。

[36]刘瑞华:《司法权的基本特征》,载《现代法学》2003 年第 3 期。

[37]刘冬京:《我国劳动争议处理机制之程序保障的应然价值取向》,载《江西科技师范学院学报》2003 年第 5 期。

[38]刘畅:《困境与突围:重构我国行民交叉案件解决机制之尝试》,载《市场周刊(理论研究)》2012 年第 3 期。

[39]李佳:《民事诉讼与行政诉公受理范围交叉问题探论》,载《求索》2009 年第 12 期。

[40]龙卫球:《不动产登记性质及其纠纷处理机制问题研究——兼评〈物权法司法解释(一)〉第 1 条》,载《法律科学(西北政法大学学报)》2017 年第 1 期。

[41]龙江洪:《民事与行政交叉案件审理问题的研究》,载《当代

法学论坛》2011 年第 1 辑。

[42]钦骏、叶名怡:《民事诉讼标的理论初探》,载《前沿》2003 年第 9 期。

[43]任重:《论我国民事诉讼标的与诉讼请求的关系》,载《中国法学》2021 年第 2 期。

[44]任瑞兴:《诉权的权利属性塑造及其限度》,载《当代法学》2020 年第 2 期。

[45]田喜清:《探析公法的私法化:以行政法为视角》,载《探求》2014 年第 3 期。

[46]田平安、杜睿哲:《程序正义初论》,载《现代法学》1998 年第 2 期。

[47]孙振庆、赵贵龙、刘峥:《关于行政民事交叉案件的调研报告——兼谈〈民事诉讼法〉第 51 条和〈行政诉讼法〉第 136 条存在的问题及其完善》,载《法律适用》2008 年第 6 期。

[48]宋聚荣、宋燕敏:《公平正义价值观的司法解读》,载《法学论坛》2005 年第 6 期。

[49]宋炉安:《司法最终权——行政诉讼引发的思考》,载《行政法学研究》1999 年第 4 期。

[50]吴偕林:《民事、行政救济程序交叉问题之解决》,载《法律适用》2007 年第 7 期。

[51]王红岩、严建军:《广义诉权初探》,载《政法论坛》1994 年第 5 期。

[52]王喆:《行政争议与民事纠纷的交叉问题》,载《行政法论丛》2005 年第 1 期。

[53]王达:《处理房地产纠纷中行政与民事交叉问题的正当程序》,载《人民司法》2007 年第 23 期。

[54]王荣清、姜彬:《论司法终裁权及其完善》,载《现代法学》1995 年第 2 期。

[55]汪丁丁、林来梵、叶航:《效率与正义:一场经济学与法学的对话》,载《学术月刊》2006 年第 3 期。

[56]邢鸿飞、侯玲:《论我国司法制度的价值取向》,载《学术界》2017 年第 7 期。

[57]薛刚凌:《处理行政、民事争议重合案件的程序探讨》,载《法律科学 · 西北政法学院学报》1998 年第 6 期。

[58]许尚豪:《民事、行政交叉案件诉讼程序研究》,载《山东大学法律评论》2007 年第 0 期。

[59]夏勇:《中国宪法改革的几个基本理论问题》,载《中国社会科学》2003 年第 2 期。

[60]尤春媛、刘娟:《行政诉讼类型探析——当事人诉讼》,载《山西财经大学学报(高等教育版)》2004 年第 1 期。

[61]杨威、贾亚强:《不动产登记案件中民行交叉问题的处理》,载《天津市政法管理干部学院学报》2009 年第 4 期。

[62]杨建顺:《行政、民事争议交叉案件审理机制的困境与对策》,载《法律适用》2009 年第 5 期。

[63]于立深:《行政规章的民事法源地位及问题》,载《当代法学》2005 年第 4 期。

[64]张晋红、谢泽帆:《诉的强制合并之经济价值的思考——基于诉讼成本与诉讼效益的个案分析》,载《广东商学院学报》2012 年第 1 期。

[65]张晋红:《民事诉讼合并管辖立法研究》,载《中国法学》2012 年第 2 期。

[66]张晋红:《诉的合并制度的立法缺陷与立法完善之价值分

析》,载《法学评论》2007 年第 4 期。

[67]张卫平:《论民事诉讼制度的价值追求》,载《法治现代化研究》2021 年第 3 期。

[68]张卫平:《民事再审事由研究》,载《法学研究》2000 年第 5 期。

[69]张坤世:《行政违法与民事侵权并存案件的处理》,载《行政法学研究》2000 年第 2 期。

[70]张晓茹:《多种法律关系引起的纠纷与诉讼程序的适用》,载《河南省政法管理干部学院学报》2002 年第 3 期。

[71]周永坤:《诉权法理研究论纲》,载《中国法学》2004 年第 5 期。

[72]朱辉:《行政附带民事诉讼程序整合问题探讨》,载《甘肃政法学院学报》2014 年第 6 期。

[73]朱沛东、潘建明:《行政附带民事公益诉讼相关实务探析》,载《法治社会》2017 年第 6 期。

[74]赵红星:《民事行政交叉案件审理若干问题研究》,载《河北法学》2012 年第 2 期。

[75]最高人民法院《关于人民法院贯彻落实党的十九届四中全会精神 推进审判体系和审判能力现代化的意见》,载《人民法院报》2020 年 4 月 2 日。

[76]郭永昌:《行政争议与民事争议的交织及处理》,郑州大学 2006 年硕士学位论文。

[77]贺荣:《行政纠纷解决机制研究》,中国政法大学 2006 年博士学位论文。

[78]江涛:《民事诉讼效率研究——以程序设置为主要视角》,复旦大学 2011 年博士学位论文。

[79]李佳:《民行交叉案件诉讼处理机制研究》,湘潭大学 2011

年博士学位论文。

[80]任瑞兴:《诉权的法理分析——以我国的诉权发展为基点》,吉林大学2007年博士学位论文。

[81]王韶华:《民事诉讼制度和行政诉讼制度比较研究》,中国政法大学2004年博士学位论文。

[82]王韶华:《民事诉讼制度和行政诉讼制度比较研究》,中国政法大学2004年博士学位论文。

[83]孟祥苓:《民行交叉案件的审判模式完善》,吉林大学2017年硕士学位论文。

[84]宋冬梅:《论民行交叉案件审理模式的完善——基于行政审判的视角》,山东大学2014年硕士学位论文。

[85]余晓辉:《行政附带民事诉讼审理程序初探》,中国政法大学2018年硕士学位论文。

3. 外文书籍

[1][德]平特纳:《德国普通行政法》,朱林译,中国政法大学出版社1999年版。

[2][德]哈特穆特·毛雷尔:《行政法学总论》,高家伟译,法律出版社2000年版。

[3][德]弗里德赫尔穆·胡芬:《行政诉讼法》(第5版),莫光华译,法律出版社2003年版。

[4][德]奥托·迈耶:《德国行政法》,刘飞译,商务印书馆2002年版。

[5][德]普维庭:《现代证明责任问题》,吴越译,法律出版社2006年版。

[6][日]室井力主编:《日本现代行政法》,吴微译,中国政法大学出版社1995年版。

[7][日]棚濑孝雄:《纠纷的解决与审判制度》,王亚新译,中国政法大学出版社2004年版。

[8][日]新堂幸司、小岛武司遍集:《注释民事诉讼法(1)裁判所·当事人》,有斐阁1991年版。

[9][日]谷口安平:《程序的正义与诉讼》,王亚新、刘荣军译,中国政法大学出版社1996年版。

[10][日]盐野宏:《行政法》,杨建顺译,法律出版社1999年版。

[11][日]三月章:《日本民事诉讼法》,汪一凡译,台北,五南图书出版有限公司1997年版。

[12][日]高桥宏志:《民事诉讼法制度与理论的深层分析》,林剑锋译,法律出版社2003年版。

[13][日]美浓部达吉:《公法与私法》,黄冯明译,中国政法大学出版社2003年版。

[14][日]藤仓皓一郎等主编:《英美判例百选》,段匡、杨永庄译,北京大学出版社2005年版。

[15][英]戴维·M.沃克:《牛津法律大辞典》,北京社会与科技发展研究所译,光明日报出版社1988年版。

[16][英]戴雪:《西宪精义》,雷宾南译,中国法制出版社2001年版。

[17][英]L.赖维乐·布朗、约翰·S.贝尔:《法国行政法》(第5版),高秦伟、王锴译,中国人民大学出版社2006年版。

[18][美]波斯纳:《法理学问题》,苏力译,中国政法大学出版社1994年版。

[19][美]P.诺内特、P.塞尔兹尼克:《转变中的法律与社会:迈向回应型法》,张志铭译,中国政法大学出版社2004年版。

[20][美]理查德·A.波斯纳:《法律的经济分析》(上),蒋兆康

译,中国大百科全书出版社 1997 年版。

[21][美]阿瑟·奥肯:《平等与效率——重大的抉择》,王奔洲、叶南奇译,华夏出版社 1987 年版。

[22][美]保罗·萨缪尔森、威廉·诺德豪斯:《经济学》(第 16 版),萧琛等译,华夏出版社 1999 年版。

[23][美]约翰·罗尔斯:《正义论》,何怀宏等译,中国社会科学出版社 1988 年版。

[24][美]汉密尔顿等:《联邦党人文集》,程逢如等译,商务印书馆 1980 年版。

[25][美]弗·培根:《培根论说文集》,水天同译,商务印书馆 1983 年版。

[26][美]E. 博登海默:《法理学:法律哲学与法律方法》,邓正来译,中国政法大学出版社 2004 年版。

[27][美]E. 博登海默:《法理学——法哲学及其方法》,邓正来、姬敬武译,华夏出版社 1987 年版。

[28][美]伯纳德·施瓦茨:《美国法律史》,王军译,中国政法大学出版社 1989 年版。

[29][英]洛克:《政府论》(下篇),叶启芳等译,商务印书馆 1964 年版。

[30]薛波主编:《元照英美法词典》,法律出版社 2003 年版。

[31]Norman Vieira, *Constitutioncel Civil Rights in a Nutshell*, west Group, 1998.

[32]Hendrik Brugmans, *Europe: Dream-Adventure-Reality*, Brussels, 1987.

[33]Dicey, *Introduction to the Study of the Law of the Constitution*, 10thed. Macmillan, 1959.

[34] William. Wade, *Administrative law*, Oxford University Press, 1990.

[35] John Finnis, *Natrual Law and Natrual Right*, Glarendon Press, 1993.

[36] Gottfried Dietze, *In Defense of Property*, The Johns Hopkins Press, 1971.

[37] Alan Watson, *The Spirit of Roman Law*, The University of Georgia Press, 1995.

[38] BryanA. Garner, *Black's Law Dictionary*, Thomson Reuters West, 1979.

[39] Alex Caroll, *Constitutional & Administrative Law (revised edition)*, Financial Times Pitman Pubilishing, 1998.

[40] Julieta Arenas Ceballos, *Suspension in Prevention as a Precautionary Measure in Administrative Law Litigation*, AIVILIZAR Ciencias Sociales Humanas, 2009(16).